अज्ञेय

प्रतिनिधि कविताएँ

सम्पादक

पल्लव

राजकमल पेपरबैक्स

राजकमल पेपरबैक्स में

पहला संस्करण : 2024

राजकमल पेपरबैक्स : उत्कृष्ट साहित्य के जनसुलभ संस्करण

राजकमल प्रकाशन प्रा. लि.
1-बी, नेताजी सुभाष मार्ग, दरियागंज
नई दिल्ली-110 002
द्वारा प्रकाशित

शाखाएँ : अशोक राजपथ, साइंस कॉलेज के सामने, पटना-800 006
पहली मंजिल, दरबारी बिल्डिंग, महात्मा गांधी मार्ग, प्रयागराज-211 001
1, अनमोल सोराबजी सन्तुक लेन, धोबी तलाव, मरीन लाइंस, मुम्बई-400 002

वेबसाइट : www.rajkamalprakashan.com
ई-मेल : info@rajkamalprakashan.com

विकास कंप्यूटर एंड प्रिंटर्स
ट्रॉनिका सिटी-201 102
द्वारा मुद्रित

मूल्य : ₹199

PRATINIDHI KAVITAYEIN
Representative Poems of Ajneya
Edited by Pallav

ISBN : 978-93-6086-544-3

भूमिका

'समाज के एक सदस्य के नाते मैंने स्वतंत्रता के लिए, सामाजिक न्याय के लिए और मानव व्यक्तित्व की प्रतिष्ठा के लिए, विशालतर सामान्य उद्‌देश्य की सिद्धि के लिए, प्रयत्नों के लिए आग्रह करना अपना कर्तव्य समझा है। कवि के नाते मैंने उस कर्तव्य से मुक्ति कभी नहीं चाही बल्कि इसके प्रतिकूल कवि के नाते भी मैंने कुछ मूल्यों पर आग्रह करना आवश्यक समझा है और इन मूल्यों के लिए अपने प्रयत्नों पर किसी तरह की रोक या नियंत्रण लगाने का समाज का कोई अधिकार मैं नहीं मानता। ये मूल्य और ये प्रयत्न हैं, मेरे कला माध्यम और सभी कला माध्यमों की शुद्धि और सांस्कारिकता के लिए अनवरत प्रयत्न, व्यावहारिकता या प्रत्युत्पन्न लाभ से ऊपर स्थायी नैतिक मूल्यों की प्रतिष्ठा, यह मानते हुए कि ज्ञान क्षेत्र के विस्तार के साथ नैतिक मूल्य अपने आप परिवर्तित हो सकते हैं। अनुभूति की प्रामाणिकता, सोचने, मानने, अभिव्यक्त करने, वरण करने और होने अर्थात अस्तित्व रखने की व्यक्ति की स्वतंत्रता।'

पिछली शताब्दी के जिन हिन्दी कवियों का पाठक वर्ग इस शताब्दी में भी बना हुआ है उनमें अज्ञेय प्रमुख हैं। कवि, सम्पादक और साहित्य के निर्माता के रूप में उनका योगदान अक्षुण्ण है। अपने विराट व्यक्तित्व में सबसे बड़ी

आभा उनके कवि की ही है और लगभग एक शताब्दी बाद भी उनकी कविताओं में वैसी ही ताज़गी है जैसी वे पहली बार प्रकाशित होने पर लगी होंगी। अज्ञेय को किसी एक ढर्रे में देखना और समझना न्यायसंगत तो नहीं ही है वरन् उनके काव्य वैभव को भी अनदेखा करना है। उन्हें निजता का कवि कहा गया है और यह भी की व्यक्तिवाद उनकी सीमा है लेकिन यह भूलना न होगा कि (बकौल नामवर सिंह) 'अज्ञेय के साहित्य में मन को पकड़ लेने की और विकल कर देने की क्षमता है।'

1933 के आसपास से अपनी काव्य यात्रा प्रारम्भ करने वाले इस कवि की प्रारम्भिक कविताएँ छायावाद से प्रभावित थीं लेकिन जल्दी ही उन्होंने अपना रास्ता खोज निकाला। तार सप्तक की भूमिका में उन्होंने लिखा था, "इसमें संगृहीत कवि सभी ऐसे होंगे जो कविता को प्रयोग का विषय मानते हैं। इनके तो एकत्र होने का कारण ही यही है कि वे किसी एक स्कूल के नहीं हैं किसी मंजिल पर पहुँचे हुए नहीं हैं, अभी राही हैं—राही नहीं, राहों के अन्वेषी हैं।" अज्ञेय के लिए राहों का अन्वेषण सतत प्रक्रिया है। उनके प्रौढ़ काल की कविताओं में भी यह देखा जा सकता है कि शिल्प और विषय में नवोन्मेष के प्रति उनका आकर्षण कम नहीं हुआ है। निजता की रक्षा के साथ अहंकार से मुक्ति उनके यहाँ एक साथ है भले ही इसे द्वंद्वात्मकता में देखने-समझने के आग्रह मिलते हों। उनकी प्रसिद्ध कविता 'असाध्य वीणा' इसका सुन्दर उदाहरण है—

वीणा के माध्यम से अपने को मैंने
सब कुछ को सौंप दिया था—
सुना आपने जो वह मेरा नहीं,
न वीणा का था :

अज्ञेय

सच्चिदानन्द हीरानन्द वात्स्यायन 'अज्ञेय' का जन्म 7 मार्च, 1911 को उत्तर प्रदेश, देवरिया के कुशीनगर में हुआ। बचपन लखनऊ, कश्मीर, बिहार और मद्रास में बीता। प्रारम्भिक शिक्षा-दीक्षा घर पर ही संस्कृत, फ़ारसी, अंग्रेज़ी, बांग्ला भाषा व साहित्य के अध्ययन के साथ। 1929 में बी.एससी. करने के बाद एम.ए. में उन्होंने अंग्रेज़ी विषय रखा; पर क्रान्तिकारी गतिविधियों में हिस्सा लेने के कारण पढ़ाई पूरी न हो सकी। 1930 से 1936 तक विभिन्न जेलों में रहे। 1936-37 में 'सैनिक' और 'विशाल भारत' नामक पत्रिकाओं का सम्पादन किया। 1943 से 1946 तक ब्रिटिश सेना में। इसके बाद इलाहाबाद से 'प्रतीक' नामक पत्रिका निकाली और ऑल इंडिया रेडियो की नौकरी स्वीकार की। देश-विदेश की यात्राएँ कीं। दिल्ली लौटे और 'दिनमान साप्ताहिक', 'नवभारत टाइम्स', अंग्रेज़ी पत्र 'वाक्' और 'एवरीमैंस' जैसे प्रसिद्ध पत्र-पत्रिकाओं का सम्पादन किया। 1980 में 'वत्सल निधि' की स्थापना की।

उनकी प्रमुख कृतियाँ हैं—'भग्नदूत', 'चिन्ता', 'इत्यलम्', 'हरी घास पर क्षण भर', 'बावरा अहेरी', 'इन्द्रधनु रौंदे हुए ये', 'अरी ओ करुणा प्रभामय', 'आँगन के पार द्वार', 'कितनी नावों में कितनी बार', 'क्योंकि मैं उसे जानता हूँ', 'सागर मुद्रा', 'पहले मैं सन्नाटा बुनता हूँ', 'महावृक्ष के नीचे', 'नदी की बाँक पर छाया', 'प्रिज़न डेज़ एंड अदर पोयम्स' (कविता-संग्रह); 'विपथगा', 'परम्परा', 'कोठरी की बात', 'शरणार्थी', 'जयदोल' (कहानी-संग्रह); 'शेखर : एक जीवनी' (दो भाग), 'नदी के द्वीप', 'अपने-अपने अजनबी' (उपन्यास); 'अरे यायावर रहेगा याद?', 'एक बूँद सहसा उछली' (यात्रा-वृत्तान्त); 'सबरंग', 'त्रिशंकु', 'आत्मनेपद', 'हिन्दी साहित्य : एक आधुनिक परिदृश्य', 'आलवाल' (निबन्ध-आलोचना); 'स्मृति लेखा' (संस्मरण); 'भवन्ती', 'अन्तरा' और 'शाश्वती' (डायरी); 'संवत्सर' (विचार-गद्य); 'उत्तरप्रियदर्शी' (नाटक); 'तार सप्तक', 'दूसरा सप्तक', 'तीसरा सप्तक' (सम्पादित ग्रन्थ)। कई अन्य पुस्तकों का सम्पादन।

उन्हें 1964 में 'आँगन के पार द्वार' के लिए 'साहित्य अकादेमी पुरस्कार' और 1979 में 'कितनी नावों में कितनी बार' के लिए 'ज्ञानपीठ पुरस्कार' से सम्मानित किया गया।

4 अप्रैल, 1987 को उनका निधन हुआ।

वह तो सब कुछ की तथता थी
महाशून्य

निजता की इसी रक्षा को अकेलेपन का वैभव भी कहा गया। उनकी एक अन्य प्रसिद्ध कविता 'यह दीप अकेला' का एक अंश द्रष्टव्य है—

यह दीप अकेला स्नेह भरा
है गर्व भरा मदमाता, पर इसको भी पंक्ति को दे दो।
यह जन है—गाता गीत जिन्हें फिर और कौन गाएगा?
पनडुब्बा—ये मोती सच्चे फिर कौन कृती लाएगा?
यह समिधा—ऐसी आग हठीला बिरला सुलगाएगा।
यह अद्वितीय—यह मेरा—यह मैं स्वयं विसर्जित—
यह दीप, अकेला, स्नेह भरा
है गर्व भरा मदमाता, पर इसको भी पंक्ति को दे दो।
नदी के द्वीप की प्रारम्भिक पंक्तियों को दुहराना असंगत न होगा—
हम नदी के द्वीप हैं।
हम नहीं कहते कि हम को छोड़ कर स्रोतस्विनी बह जाए।
वह हमें आकार देती है।
हमारे कोण, गलियाँ, अंतरीप, उभार, सैकत कूल,
सब गोलाइयाँ उसकी गढ़ी हैं।

अज्ञेय के काव्य के अनेक रंग हैं। अगर यहाँ 'कलगी बाजरे की' है तो 'हवाएँ चैत की' भी हैं। याद आता है कि उनके शताब्दी वर्ष में एक कविता 'नाच' बार-बार उद्धृत की गई थी। उसका एक अंश है—

और वही मेरा नाच है जिसे सब देखते हैं
मुझे नहीं

रस्सी को नहीं
खंभे नहीं
रोशनी नहीं
तनाव भी नहीं
देखते हैं—नाच!

इसी जगह याद आता है कि प्रकृति का विराट वैभव भी अज्ञेय के यहाँ कम नहीं है। भले ही हम सुमित्रानंदन पंत को प्रकृति का सबसे बड़ा कवि मानें तब भी अज्ञेय प्रकृति के छोटे कवि नहीं हैं। 'सो रहा है झोंप अँधियाला नदी की जाँघ पर : डाह से सिहरी हुई यह चाँदनी' अथवा 'विरस रेतीली नदी के दो किनारे' खोजते चलें तो प्रकृति के अनेक देखे-अदेखे चित्रों की लम्बी शृंखला पाई जा सकती है।

धूप
—माँ की हँसी के प्रतिबिंब-सी शिशु-वदन पर—
हुई भासित
नए चीड़ों से कँटीली पार की गिरि शृंखला पर :
गीति :
मन पर वेदना के बिना,
तर्कातीत, बस स्वीकार से ही सिहर कर
बोला :
'नहीं, फिर आना नहीं होगा।' (सूर्यास्त)

अज्ञेय की कविताओं पर बहुत लिखा गया है। हमारी भाषा के श्रेष्ठ मनीषियों ने उसे विचारणीय समझा और लिखा भी। इसी तरह उनकी कविताओं के अनेक चयन हुए हैं। विद्यानिवास मिश्र, अशोक वाजपेयी और नामवर सिंह के श्रेष्ठ चयन उपलब्ध होने पर भी इस चयन की आवश्यकता क्यों समझी जाए? मेरा निवेदन है कि राजकमल प्रकाशन

की लोकप्रिय पुस्तकमाला में अज्ञेय का न होना इस शृंखला के अपने लिए कहीं अधिक आवश्यक था। वत्सल निधि की तरफ से ओम थानवी जी ने मुझे उपयुक्त समझा, इसे अपना सौभाग्य ही समझता हूँ। यह चयन कवि की विरासत को कुछ और नये पाठकों तक ले जा सकेगा, इसी विश्वास के साथ।

—पल्लव

क्रम

यह दीप अकेला

यह दीप अकेला स्नेह भरा
है गर्व भरा मदमाता, पर इसको भी पंक्ति को दे दो।
यह जन है—गाता गीत जिन्हें फिर और कौन गाएगा?
पनडुब्बा—ये मोती सच्चे फिर कौन कृती लाएगा?
यह समिधा—ऐसी आग हठीला बिरला सुलगाएगा।
यह अद्वितीय—यह मेरा—यह मैं स्वयं विसर्जित—
यह दीप, अकेला, स्नेह भरा
है गर्व भरा मदमाता, पर इसको भी पंक्ति को दे दो।
यह मधु है—स्वयं काल की मौना का युग-संचय,
यह गोरस—जीवन-कामधेनु का अमृत-पूत पय,
यह अंकुर—फोड़ धरा को रवि को तकता निर्भय,
यह प्रकृत, स्वयंभू, ब्रह्म, अयुत : इसको भी शक्ति को दे दो।
यह दीप, अकेला, स्नेह भरा
है गर्व भरा मदमाता, पर इसको भी पंक्ति को दे दो।
यह वह विश्वास नहीं, जो अपनी लघुता में भी काँपा,
वह पीड़ा, जिसकी गहराई को स्वयं उसी ने नापा;
कुत्सा, अपमान, अवज्ञा के धुँधुआते कड़ुवे तम में
यह सदा-द्रवित, चिर-जागरूक, अनुरक्त-नेत्र,
उल्लम्ब-बाहु, यह चिर-अखंड अपनापा।
जिज्ञासु, प्रबुद्ध, सदा श्रद्धामय, इसको भक्ति को दे दो—

यह दीप, अकेला, स्नेह भरा
है गर्व भरा मदमाता, पर इसको भी पंक्ति को दे दो।

हमने पौधे से कहा

हमने पौधे से कहा : मित्र, हमें फूल दो।
उसकी फुनगी से चिनगियाँ दो फूटीं
डाली से उसने फूलझड़ी छोड़ दी :
हम मुग्ध देखते रहे कि कब कली फूटे—
कि कायश्री उसकी समीरण में झूम गई,
हमें जान पड़ा, कहीं गन्ध की फुहारें झर रही हैं
और देखा सहसा :
लच्छा-सा डोंडियों का, गुच्छा एक फूल का
हम मुग्ध ताका किये।

किन्तु हम जो देखते थे क्या वह निर्माण था?
गुच्छे हम नोच लें परन्तु वही क्या सृष्टि है?
मिट्टी के नीचे, जहाँ एक बुदबुदाता अन्धकार था
कीड़े आँख-ओट कुलबुलाते थे,
रिसता था जिसकी नस-नस में
मेल किस-किस का और कब-कब का
(काल की तो सीमा नहीं, देश की अगर हो
हम नहीं जानते :
और मैल दोनों का—
सीमाहीन काल का, व्यासहीन देश का—

माटी में रिसता है, मिसता है, सोखता ही रहता है)—
मिट्टी के नीचे बुदबुदाते अन्धकार में
पौधे की जड़ क्रियमाण थी :
पौधे का हाथ? आँख? चीभ? त्वचा?
पौधे का हाथ? प्राण? चेतना?
मिट्टी के नीचे क्रियमाण थी
पौधे की जड़ : सृष्टि-शक्ति : आद्य मातृका।

ऊपर वह हँसता-सिहरता था
और हम देख-देख खिलते विहरते थे
किन्तु वह अनुपल, अनुक्षण और, और गहरे
टोहता था बुदबुदाते उस अन्धकार में :
सड़ा दे दो, गला दे दो, पचा दे दो,
कचरा दो राख दो अशुच दो उच्छिष्ट दो—
वह तो है सृजन-रत : उसे सब रस है।
उसे सब रस है
और इस हेतु (हम जानें या न जानें यह)
हमें सारे फूल हैं,
घास-फूस, डाल-पात, लता-क्षुप,
ओषधि-वनस्पति, द्रुमाली, वन-वीथियाँ।
रूप-सत्य, रस-सत्य, गन्ध-सत्य,
रूप-शिव।

मित्र, हमें फूल दो—
हमने पौधे से कहा :
बन्धु, हमें काव्य दो।

किन्तु तुम (नभचारी!) मिट्टी की ओर मत देखना,
किन्तु तुम (गतिशील!) जड़ें मत छोड़ना,

किन्तु तुम (प्रकाश-सुत!) टोहना न कभी अन्धकार को,
किन्तु तुम (रससिद्ध!) कर्दम से नाता मत जोड़ना,
किन्तु तुम (स्वयम्भू!) पुष्टि की अपेक्षा मत रखना!

गहरे न जाना कहीं, आँचल बचाना सदा, दामन हमेशा पाक रखना,
पंकज-सा पंक में, कंज-पत्र में सलिल-सा
तुहिन की बूँद में प्रकम्प हेम-शिरा-सा असम्पृक्त रहना।
धाक रखना।
लाज रखना, नाम रखना, नाक रखना।

बन्धु, हमें काव्य दो,
सुन्दर दो, शिव दो, सार-सत्य दो,
किन्तु किन्तु
किन्तु किन्तु
किन्तु किन्तु—
हमने कवि से कहा।

दिल्ली : 23 नवम्बर, 1954

पावस-प्रात, शिलङ्

भोर बेला। सिंची छत से ओस की तिप्-तिप्! पहाड़ी काक
की विजन को पकड़ती-सी क्लान्त बेसुर डाक—
'हाक्! हाक्! हाक्!'

मत सँजो यह स्निग्ध सपनों का अलस सोना—

रहेगी बस एक मुट्ठी खाक!
'थाक्! थाक्! थाक्!

शिलङ् : 12 जुलाई, 1947

एक सन्नाटा बुनता हूँ

पहले मैं सन्नाटा बुनता हूँ
उसी के लिए स्वर-तार चुनता हूँ।

ताना : ताना मज़बूत चाहिए : कहाँ से मिलेगा?
पर कोई है जो उसे बदल देगा,
जो उसे रसों में बोर कर रंजित करेगा, तभी तो वह खिलेगा।
मैं एक गाढ़े का तार उठाता हूँ :
मैं तो मरण से बँध हूँ; पर किसी के—और इसी तार के सहारे
काल से पार पाता हूँ।

फिर बाना : पर रंग क्या मेरी पसन्द के हैं?
अभिप्राय भी क्या मेरे छन्द के हैं?
पाता हूँ कि मेरा मन ही तो गिर्री है, डोरा है;
इधर से उधर, उधर से इधर; हाथ मेरा काम करता है
नक्शा किसी और का उभरता है।

यों बुन जाता है जाल सन्नाटे का
और मुझमें कुछ है कि उससे घिर जाता हूँ।
सच मानिए, मैं नहीं है वह

क्योंकि मैं जब पहचानता हूँ तब
अपने को उस जाल के बाहर पाता हूँ।

फिर कुछ बँधता है जो मैं न हूँ पर मेरा है,
वही कल्पक है।
जिसका कहा भीतर कहीं सुनता हूँ :
'तो तू क्या कवि है? क्यों और शब्द जोड़ना चाहता है?
कविता तो यह रखी है।'

हाँ तो। वही मेरी सखी है, मेरी सगी है।

जिसके लिए फिर
दूसरा सन्नाटा बुनता हूँ।

कतकी पूनो

छिटक रही है चाँदनी, मदमाती उन्मादिनी
कलगी-मौर सजाव ले कास हुए हैं बावले,
पकी ज्वार से निकल शशों की जोड़ी गई फलाँगती—
सन्नाटे में बाँक नदी की जगी चमककर झाँकती!

कुहरा झीना और महीन, झर-झर पड़े अकासनीम
उजली-लालिम मालती गन्ध के डोरे डालती,
मन में दुबकी है हुलास ज्यों परछाईं हो चोर की—
तेरी बाट अगोरते ये आँखें हुई चकोर की!

इलाहाबाद-लखनऊ (रेल में) : 30 नवम्बर, 1947

आज थका हिय-हारिल मेरा!

इस सूखी दुनिया में प्रियतम मुझको और कहाँ रस होगा?
शुभे! तुम्हारी स्मृति के सुख से प्लावित मेरा मानस होगा!

दृढ़ डैनों के मार थपेड़े अखिल व्योम को वश में करता,
तुझे देखने की आशा से अपने प्राणों में बल भरता,

ऊषा से ही उड़ता आया, पर न मिल सकी तेरी झाँकी
साँझ समय थक चला विकल मेरे प्राणों का हारिल पाखी :

तृषित, श्रान्त, तम-भ्रान्त और निर्मम झंझा-झोंकीं से ताड़ित—
दरस प्यास है असह, वही पर किये हुए उसको अनुप्राणित!

गा उठते हैं, 'आओ, आओ!' केकी प्रिय घन को पुकार कर
स्वागत की उत्कंठा में वे हो उठते उद्भ्रान्त नृत्य पर!

चातक-तापस तरु पर बैठा स्वाति-बूँद में ध्यान रमाए,
स्वप्न तृप्ति को देखा करता 'पी! पी! पी!' की टेर लगाए;

हारिल को यह सह्य नहीं है—वह पौरुष का मदमाता है :
इस जड़ धरती को ठुकरा कर ऊषा-समय वह उड़ जाता है।

'बैठो, रहो, पुकारो-गाओ, मेरा वैसा धर्म नहीं है;
मैं हारिल हूँ, बैठे रहना मेरे कुल का कर्म नहीं है।

तुम प्रिय की अनुकम्पा माँगो, मैं माँगूँ अपना समकक्षी
साथ-साथ उड़ सकने वाला एकमात्र वह कंचन-पक्षी!'

यों कहता उड़ जाता हारिल लेकर निज भुज-बल का सम्बल
किन्तु अन्त सन्ध्या आती है—आखिर भुज-बल है कितना बल?

कोई गाता, किन्तु सदा मिट्टी से बँधा-बँधा रहता है,
कोई नभ-चारी, पर पीड़ा भी चुप होकर ही सहता है;

चातक हैं, केकी हैं, सन्ध्या को निराश हो सो जाते हैं,
हारिल हैं—उड़ते-उड़ते ही अन्त गगन में खो जाते हैं।

कोई प्यासा मर जाता है, कोई प्यासा जी लेता है
कोई परे मरण-जीवन से कड़वा प्रत्यय पी लेता है।

आज प्राण मेरे प्यासे हैं, आज थका हिय-हारिल मेरा
आज अकेले ही उसको इस अँधियारी सन्ध्या ने घेरा।

मुझे उतरना नहीं भूमि पर तब इस सूने में खोऊँगा
धर्म नहीं है मेरे कुल का—थककर भी मैं क्यों रोऊँगा?

पर प्रिय! अन्त समय में क्या तुम इतना मुझे दिलासा दोगे—
जिस सूने में मैं लुट चला, कहीं उसी में तुम भी होगे?

इस सूखी दुनिया में प्रियतम मुझको और कहाँ रस होगा?
शुभे! तुम्हारी स्मृति के सुख से प्लावित मेरा मानस होगा।

बड़ोदरा : 30 अगस्त, 1936

मैं ने देखा, एक बूँद

मैं ने देखा
एक बूँद सहसा
उछली सागर के झाग से :
रँग गई क्षण-भर
ढलते सूरज की आग से।

मुझ को दीख गया :
सूने विराट् के सम्मुख
हर आलोक-छुआ अपनापन
है उन्मोचन
नश्वरता के दाग़ से!

नई दिल्ली, 5 मार्च, 1958

पानी बरसा!

ओ पिया, पानी बरसा!

घास हरी हुलसानी
मानिक के झूमर-सी झूमी मधु-मालती
झर पड़े जीते पीत अमलतास
चातकी की वेदना बिरानी।
बादलों का हाशिया है आसपास—
बीच लिखी पाँत काली बिजली की—

कुंजों की डार, कि असाढ़ की निशानी!
ओ पिया, पानी!
मेरा जिया हरसा।

खड़खड़ कर उठे पात, फड़क उठे गात।
देखने को आँखें घेरने को बाँहें।
पुरानी कहानी?
ओठ को ओठ, वक्ष को वक्ष—
ओ पिया, पानी!
मेरा हिया तरसा।
ओ पिया, पानी बरसा!

जलन्धर : 2 जुलाई, 1945

शरद

सिमट गई फिर नदी, सिमटने में चमक आई,
गगन के वदन में फिर नई एक दमक आई।
दीप कोजाग़री बाले कि फिर आवें वियोगी सब :
ढोलकों में उछाह और उमंग की गमक आई।

बादलों के चुम्बनों से खिल अयानी हरियाली,
शरद की धूप में नहा-निखर कर हो गई है मतवाली।
झुंड कीरों के अनेकों फ़ब्तियाँ कसते मँडराते :
झर रही है प्रान्तर में चुपचाप लजीली शेफाली।

बुलाती ही रही उजली कछार की खुली छाती—

उड़ चली कहीं दूर दिशा को धौली बक-पाँती।
गाज, बाज, बिजली से घेर इन्द्र ने जो रक्खी थी—
शारदा ने हँस के वो तारों की लुटा दी थाती।

मालती अनजान भीनी गन्ध का है झीना जाल फैलाती
कहीं उसके रेशमी फन्दे में शुभ्र चाँदनी पकड़ पाती!
घर-भवन-प्रासाद खँडहर हो गए किन-किन लताओं की जकड़ में
गन्ध, वायु, चाँदनी, अनंग रहीं मुक्त इठलाती!

साँझ। सूने नील में दोले है कोजागरी का दिया।
हार का प्रतीक—'दिया सो दिया, भुला दिया जो किया!'
किन्तु—शारदा चाँदनी का साक्ष्य—यह संकेत जय का है—
प्यार जो किया सो जिया, धधक रहा है हिया, पिया!

इलाहाबाद : 5 सितम्बर, 1948

सो रहा है झोंप

सो रहा है झोंप अँधियाला नदी की जाँघ पर :
डाह से सिहरी हुई यह चाँदनी
चोर पैरों से उझक कर झाँक जाती है।

प्रस्फुटन के दो क्षणों का मोल शेफाली
विजन की धूल पर चुपचाप
अपने मुग्ध प्राणों से अजाने आँक जाती है।

लखनऊ-इलाहाबाद : अक्टूबर, 1948

धूप

सूप-सूप भर
धूप-कनक
यह सूने नभ में गई बिखर :
चौंधाया
बीन रहा है
उसे अकेला एक कुरर।

अल्मोड़ा, 5 जून, 1958

बावरा अहेरी

भोर का बावरा अहेरी
पहले बिछाता है आलोक की
लाल-लाल कनियाँ
पर जब खींचता है जाल को
बाँध लेता है सभी को साथ :
छोटी-छोटी चिड़ियाँ, मझोले परेवे, बड़े-बड़े पंखी
डैनों वाले डील वाले डौल के बेडौल
उड़ने जहाज़,
कलस-त्रिसूल वाले मन्दिर-शिखर से ले
तारघर की नाटी मोटी चिपटी गोल धुस्सों वाली उपयोग-सुन्दरी
बेपनाह काया को :
गोधूली की धूल को, मोटरों के धुएँ को भी

पार्क के किनारे पुष्पिताग्र कर्णिकार की आलोक-खची तन्वि रूप-रेखा को
और दूर कचरा जलाने वाली कल की उद्‌दंड चिमनियों को, जो
धुआँ यों उगलती हैं मानो उसी मात्र से अहेरी को हरा देंगी!

बावरे अहेरी रे
कुछ भी अवध्य नहीं तुझे, सब आखेट है :
एक बस मेरे मन-विवर में दुबकी कलौंस को
दुबकी ही छोड़ कर क्या तू चला जाएगा?
ले, मैं खोल देता हूँ कपाट सारे
मेरे इस खँडहर की शिरा-शिरा छेद दे आलोक की अनी से अपनी,
गढ़ सारा ढाह कर ढूह भर कर दे :
विफल दिनों की तू कलौंस पर माँज जा
मेरी आँखें आँज जा
कि तुझे देखूँ
देखूँ और मन में कृतज्ञता उमड़ आए
पहनूँ सिरोपे से ये कनक-तारे तेरे—
बावरे अहेरी।

दिल्ली : 2 सितम्बर, 1951

उधार

सवेरे उठा तो धूप खिल कर छा गई थी
और एक चिड़िया अभी-अभी गा गई थी।
मैं ने धूप से कहा : मुझे थोड़ी गरमाई दोगी उधार?
चिड़िया से कहा : थोड़ी मिठास उधार दोगी?

मैं ने घास की पत्ती से पूछा : तनिक हरियाली दोगी—
तिनके की नोक-भर?
शंखपुष्पी से पूछा : उजास दोगी—
किरण की ओक-भर?
मैं ने हवा से माँगा : थोड़ा खुलापन—बस एक प्रश्वास,
लहर से : एक रोम की सिहरन-भर उल्लास।
मैं ने आकाश से माँगी
आँख की झपकी-भर असीमता—उधार।

सब से उधार माँगा, सब ने दिया।
यों मैं जिया और जीता हूँ
क्यों कि यही सब तो है जीवन—
गरमाई, मिठास, हरियाली, उजाला,
गन्धवाही मुक्त खुलापन,
लोच, उल्लास, लहरिल प्रवाह,
और बोध भव्य निर्व्यास निस्सीम का :
ये सब उधार पाये हुए द्रव्य।
रात के अकेले अन्धकार में
सपने से जागा जिस में
एक अनदेखे अरूप ने पुकार कर
मुझ से पूछा था : "क्यों जी,
तुम्हारे इस जीवन के
इतने विविध अनुभव हैं
इतने तुम धनी हो,
तो मुझे थोड़ा प्यार दोगे उधार, जिसे मैं
सौ-गुने सूद के साथ लौटाऊँगा—
और वह भी सौ-सौ बार गिन के—
जब-जब मैं आऊँगा?"

मैं ने कहा : प्यार? उधार?
स्वर अचकचाया था, क्यों कि मेरे
अनुभव से परे था ऐसा व्यवहार।
उस अनदेखे अरूप ने कहा : "हाँ,
क्यों कि ये ही सब चीज़ें तो प्यार हैं—
यह अकेलापन, यह अकुलाहट,
यह असमंजस, अचकचाहट,
आर्त अनुभव,
यह खोज, यह द्वैत, यह असहाय
विरह-व्यथा,
यह अन्धकार में जाग कर सहसा पहचानना कि
जो मेरा है वही ममेतर है।
यह सब तुम्हारे पास है
तो थोड़ा मुझे दे दो—उधार—इस एक बार—
मुझे जो चरम आवश्यकता है।"

उसने यह कहा,
पर रात के घुप अँधेरे में
मैं सहमा हुआ चुप रहा; अभी तक मौन हूँ :
अनदेखे अरूप को
उधार देते मैं डरता हूँ :
क्या जाने
यह याचक कौन है?

कूर्शेवेल, सैवाय, 13 अगस्त, 1961

मुक्त है आकाश

निमिष-भर को सो गया था प्यार का प्रहरी—
उस निमिष में कट गई है कठिन तप की शिंजिनी दुहरी
सत्य का वह सनसनाता तीर जा पहुँचा हृदय के पार—
खोल दो सब वंचना के दुर्ग के ये रुद्ध सिंहद्वार!

एक अन्तिम निमिष-भर के ही लिए कट जाए मायापाश,
एक क्षण-भर वक्ष के सूने कुहर को झनझना कर
चला जाए झुलस कर भी तप्त अन्तिम मुक्ति का प्रश्वास—
कब तलक यह आत्म-संचय की कृपणता! यह घुमड़ता त्रास!

दान कर दो खुले कर से, खुले उर से होम कर दो
स्वयं को समिधा बना कर!
शून्य होगा, तिमिरमय भी,
तुम यही जानो कि अनुक्षण मुक्त है आकाश!

दिल्ली : 24 अक्टूबर, 1941

झरने के लिए

हवा से सिहरती हैं पत्तियाँ—किन्तु झरने के लिए।
उमगती हैं छालियाँ
किसी दूर कछार पर खा कर पछाड़ें फिर बिखरने के लिए!

मरणधर्मा है सभी कुछ किन्तु फिर भी बहो, मीठी हवा,
जीवन की क्रियाओं को तुम्हीं तो तीव्र करती हो!

बहो, मीठी हवा, तुम बहती रहो,
पगली हवा, गति बढ़े जीवन की।
उभरने के लिए
जीवन—यदपि मरने के लिए—
सिहर झरने के लिए!

दिल्ली : 26 नवम्बर, 1950

जीवन-मर्म

झरना : झरता पत्ता
हरी डाल से
अट गया।

बर्कले (कैलिफ़ोर्निया), 27 अक्टूबर, 1969

कस्तालिया[1] का झरना

चिनारों की ओट से
सुसुराता सरकता
झरने का पानी।
अरे जा! चुप नहीं रहा जाता तो

1. कस्तालिया : पार्नासस पर्वत की दक्षिणी उपत्यका में देल्फ़ी के निकट एक झरना, जो अपोलो और कला-देवताओं का तीर्थ माना जाता था।

चाहे जिससे कह दे, जा,
सारी कहानी।
पतझर ने कब की ढक दी है
धरा की गोद-सी ढाल जहाँ
हमने की थी मनमानी

अक्टूबर, 1969

सम्राज्ञी का नैवेद्य-दान[1]

हे महाबुद्ध!
मैं मन्दिर में आई हूँ
रीते हाथ :
फूल मैं ला न सकी।
औरों का संग्रह
तेरे योग्य न होता।

जो मुझे सुनाती
जीवन के विह्वल सुख-क्षण का गीत—
खोलती रूप-जगत् के द्वार जहाँ
तेरी करुणा
बुनती रहती है
भव के सपनों, क्षण के आनन्दों के
रह:सूत्र अविराम—

1. जापान की सम्राज्ञी कोमियो प्राचीन राजधानी नारा के बुद्ध-मन्दिर में जाते समय असमंजस में पड़ गई थी कि चढ़ाने को क्या ले जाए और फिर रीते हाथ गई थी। यही घटना कविता का आधार है।

उस भोली मुग्धा को
कँपती
डाली से विलगा न सकी।

जो कली खिलेगी जहाँ, खिली,
जो फूल जहाँ है,
जो भी सुख
जिस भी डाली पर
हुआ पल्लवित, पुलकित,
मैं उसे वहीं पर
अक्षत, अनाघ्रात, अस्पृष्ट, अनाविल,
हे महाबुद्ध!
अर्पित करती हूँ तुझे।

वहीं-वहीं प्रत्येक भरे प्याला जीवन का,
वहीं-वहीं नैवेद्य चढ़ा
अपने सुन्दर आनन्द-निमिष का,
तेरा हो,
हे विगतागत के वर्तमान के, पद्मकोश!
हे महाबुद्ध!

तोक्यो, जापान, 25 सितम्बर, 1957

सागर-मुद्रा-2

सागर की लहरों के बीच से वह
बाँहें बढ़ाए हुए

मेरी ओर दौड़ती हुई आती हुई
पुकारती हुई बोली :
'तुम—तुम सागर क्यों नहीं हो?'
मेरी आँखों में जो प्रश्न उभर आया,
अपनी फहरती लटों के बीच से वह
पलकें उठाए हुए
उसे न नकारती हुई पर अपने उत्तर से
मानो मुझे फिर से ललकारती हुई
अपने में सिमटती हुई बोली :
'देखो न, सागर बड़ा है, चौड़ा है,
जहाँ तक दीठ जाती है फैला है,
मुझे घेरता है, धरता है, सहता है, धारता है, भरता है,
लहरों से सहलाता है, दुलराता है, झुमाता है, झुलाता है
और फिर भी निर्बन्ध मुक्त रखता है, मुक्त करता है—
मुक्त, मुक्त, मुक्त करता है!'

मैं जवाब के लिए कुछ शब्द जुटा सकूँ—
सँवार सकूँ,
या वह न बने तो
राग-बन्धों का ही न्योछावर लुटा सकूँ—
इससे पहले ही वह फिर
हँसती हुई मुड़ती हुई दोलती हुई उड़ती हुई
सागर की लहरों के बीच
पहुँच गई।

मांटैरे (कैलिफ़ोर्निया), मई, 1969

सागर-मुद्रा-8

यों मत छोड़ दो मुझे, सागर,
कहीं मुझे तोड़ दो, सागर,
कहीं मुझे तोड़ दो!
मेरी दीठ को और मेरे हिये को,
मेरी वासना को और मेरे मन को,
मेरे कर्म को और मेरे मर्म को,
मेरे चाहे को और मेरे जिये को
मुझ को और मुझ को और मुझ को
कहीं मुझ से जोड़ दो!
यों मत छोड़ दो मुझे, सागर,
यों मत छोड़ दो।

बर्कले (कैलिफ़ोर्निया), 10 मई, 1969

सागर-मुद्रा-12

लहर पर लहर पर लहर पर लहर :
सागर, क्या तुम जानते हो कि तुम
क्या कहना चाहते हो?
टकराहट, टकराहट, टकराहट :
पर तुम
तुम से नहीं टकराते;
कुछ ही तुम से टकराता है

और टूट जाता है जिसे तुम ने नहीं
तोड़ा।

सागर :
पर पक्षी ऊपर ही ऊपर उड़ जाते हैं,
सागर
पर मछलियाँ नीचे ही नीचे तैरती हैं,
नावें, जहाज़
पर वे सतह को ही चीरते हुए चले जाते हैं—
वह भी घाट से घाट तक।
सागर
देश और देश और देश, लहराता देश;
काल और काल और काल, उमड़ता काल :
कहाँ है तुम्हारी पहचान, सागर, कहाँ?

जहाँ धरा और आकाश मिलते हैं
जहाँ देश और काल
जहाँ सागर तल की मछली छटपटाकर उछल कर
वायु माँगती है
जहाँ आकाश का पक्षी सनसनाता गिर कर
नीर को चीरता है
जहाँ नौका पतवार खो कर पलट कर तल की ओर
डूबने लगती है,
वहाँ तब, देश और काल और अस्ति के उस
त्रितय सन्निपात की धार पर
तुम्हारी पहचान कौंधती है
और लय हो जाती है
कि तुम प्राण हो
कि तुम अन्न हो

कि तुम मृत्यु हो
कि तुम होते हो तो खो जाते हो, क्यों कि हम खोते हैं तो होते हैं।
लहर पर लहर पर लहर पर लहर :
सागर, तुम कुछ कहना नहीं चाहते
तुम होना चाहते हो...

हर लहर
टकराई और टूट गई
लहर पर लहर पर लहर—
अन्त नहीं, अन्त नहीं, अन्त नहीं...
चट्टान
सहती रही, रहती रही

फिर ढही तो
नि:शेष—नि:शेष—नि:शेष...
लहर पर लहर पर लहर...

लहर पर लहर पर लहर,
कहाँ है वह संगीत
जिस के लिए प्रजापति की वीणा काँपी
वह अमृत
जिस के लिए सुरों-असुरों ने तुझे मथा?
चुक गई क्या
पुराण की रूप-कथा :
तू क्या सदा से केवल भाप से जमता हुआ जल का कोष रहा,
तू क्या अग्नि की, रत्नों की, सुखों की,
प्रकाश के रहस्यों की खनि, देवत्व की योनि,
कभी न था, न था?
लहर पर लहर पर लहर पर लहर...

रात होगी
जब तूफ़ान तुझे मथेगा
जब ऊपर और नीचे
ठोस और तरल और वायव
आग और पानी
बनने और मिटने के भेद लय हो जाएँगे :
तो क्या हुआ? वही तो अस्ति है।
तूफ़ान ने मुझे भी मथा है और वह लय
मैंने भी पहचानी है।
छोटी ही है, पर, सागर,
मेरी भी एक कहानी है...

सागर को प्रेम करना
मरण की प्रच्छन्न कामना है!
तो क्या?
मरण अनिवार्य है :
प्रेम
स्वच्छन्द वरण है :
प्रच्छन्न ही सही, सागर, मुझे कोई लज्जा नहीं—
न अपने रहस्य की न अपनी स्वच्छन्दता की :
आ तू, दोनों का साझा कर :
लहर पर लहर पर लहर पर लहर...

फ़रवरी, 1971

दाता और भिखारी!

फूल खिलते रहे चुपचाप :
मंजरी आई
दबे पाँव, सकुचाती।

किन्तु मधुमक्खियाँ, भौंरे
तड़फड़ाते रहे, करते रोर;
मुँह चिढ़ाते रहे वन की शान्ति को
अविराम अनगिन झींकते झींगुर।

भिखारी सब
बजाते गाल, बगलें,
फाड़ते आकाश :
सकुचता, सहमता, चुपचाप
पथ से गुज़रता दाता।

तोक्यो, जापान, 27 सितम्बर, 1957

पहाड़ी यात्रा

मेरे घोड़े की टाप
चौखटा जड़ती जाती है
आगे के नदी-व्योम, घाटी-पर्वत के आस-पास :
मैं एक चित्र में
लिखा गया-सा आगे बढ़ता जाता हूँ।

जापान, सितम्बर, 1957

याद

याद : सिहरन : उड़ती सारसों की जोड़ी।
याद : उमस : एकाएक घिरे बादल में
कौंध जगमगा गई।
सारसों की ओट बादल,
बादल में सारसों की जोड़ी ओझल,
याद की ओट याद की ओट याद।
केवल नभ की गहराई बढ़ गई थोड़ी।
कैसे कहूँ कि किस की याद आई?
चाहे तड़पा गई?

काबूकी प्रेक्षागृह में (सेन फ्रांसिस्को), 21 मार्च, 1969

नया कवि : आत्म-स्वीकार

किसी का सत्य था,
मैं ने सन्दर्भ में जोड़ दिया।
कोई मधु-कोष काट लाया था,
मैं ने निचोड़ लिया।

किसी की उक्ति में गरिमा थी
मैं ने उसे थोड़ा-सा सँवार दिया,
किसी की संवेदना में आग का-सा ताप था
मैं ने दूर हटते-हटते उसे धिक्कार दिया।

कोई हुनरमन्द था :
मैं ने देखा और कहा, 'यों!'
थका भारवाही पाया—
घुड़का या कोंच दिया, 'क्यों?'

किसी की पौध थी,
मैं ने सींची और बढ़ने पर अपना ली,
किसी की लगाई लता थी,
मैं ने दो बल्ली गाड़ उसी पर छवा ली।

किसी की कली थी
मैं ने अनदेखे में बीन ली,
किसी की बात थी
मैं ने मुँह से छीन ली।

यो मैं कवि हूँ, आधुनिक हूँ, नया हूँ :
काव्य-तत्त्व की खोज में कहाँ नहीं गया हूँ?
चाहता हूँ आप मुझे
एक-एक शब्द पर सराहते हुए पढ़ें।
पर प्रतिभा—अरे, वह तो
जैसी आप को रुचे आप स्वयं गढ़ें!

नई दिल्ली (वाक् कार्यालय, सुन्दर नगर), 3 सितम्बर, 1958

शब्द और सत्य

यह नहीं कि मैं ने सत्य नहीं पाया था
यह नहीं कि मुझ को शब्द अचानक कभी-कभी मिलता है :
दोनों जब-तब सम्मुख आते ही रहते हैं।
प्रश्न यही रहता है :
दोनों जो अपने बीच एक दीवार बनाए रहते हैं
मैं कब, कैसे, उन के अनदेखे
उस में सेंध लगा दूँ
या भर कर विस्फोटक
उसे उड़ा दूँ?
कवि जो होंगे हों, जो कुछ करतें करें,
प्रयोजन मेरा इतना है :
ये दोनों जो
सदा एक-दूसरे से तन कर रहते हैं,
कब, कैसे, किस आलोक-स्फुरण में
इन्हें मिला दूँ—
दोनों जो हैं बन्धु, सखा, चिर सहचर मेरे।

मोती बाग, नई दिल्ली : 15 जून, 1957

सत्य तो बहुत मिले

खोज में जब निकल ही आया
सत्य तो बहुत मिले।

कुछ नए कुछ पुराने मिले, कुछ अपने कुछ बिराने मिले
कुछ दिखावे कुछ बहाने मिले, कुछ अकड़ू, कुछ मुँह-चुराने मिले,
कुछ घुटे-मँजे सफ़ेदपोश मिले, कुछ दईमारे खानाबदोश मिले।
कुछ ने लुभाया, कुछ ने डराया
कुछ ने परचाया, कुछ ने भरमाया—
सत्य तो बहुत मिले
खोज में जब निकल ही आया।

कुछ पड़े मिले कुछ खड़े मिले कुछ झड़े मिले कुछ सड़े मिले
कुछ निखरे कुछ बिखरे कुछ धुँधले कुछ सुथरे—
अब सत्य रहे—कहे, अनकहे।
खोज में जब निकल ही आया
सत्य तो बहुत मिले।

पर तुम—
नभ के तुम कि गुहा-गह्वर के तुम, मोम के तुम, पत्थर के तुम—
तुम किसी देवता से नहीं निकले :
तुम मेरे साथ मेरे ही आँसू में गले, मेरे ही रक्त पर पले
अनुभव के दाह पर क्षण-क्षण उकसती
मेरी अशमित चिता पर तुम मेरे ही साथ जले।

तुम—
तुम्हें तो भस्म हो मैं ने फिर अपनी भभूत में पाया।
अंग रमाया।
—तभी तो पाया।
खोज में जब निकल ही आया
सत्य तो बहुत मिले—एक ही पाया।

काशी (रेल में) : 15 फ़रवरी, 1954

आज तुम शब्द न दो

आज तुम शब्द न दो, न दो, कल भी मैं कहूँगा।

तुम पर्वत हो, अभ्र-भेदी शिला-खंडों के गरिष्ठ पुंज
चाँपे इस निर्झर को रहो, रहो,
तुम्हारे रन्ध्र-रन्ध्र से तुम्हीं को रस देता हुआ फूट कर मैं बहूँगा।

तुम्हीं ने दिया यह स्पन्द
तुम्हीं ने धमनी में बाँधा है लहू का वेग यह मैं अनुक्षण जानता हूँ।
गति जहाँ सब कुछ है, तुम धृति पारमिता, जीवन के सहज छन्द
तुम्हें पहचानता हूँ।
माँगो तुम चाहे जो : माँगोगे, दूँगा; तुम दोगे जो मैं सहूँगा।

आज नहीं, कल सही
कल नहीं, युग-युग बाद ही :

मेरा तो नहीं है यह
चाहे वह मेरी असमर्थता से बँधा हो।
मेरा भाव-यंत्र? एक मड़िया है सूखी घास-फूस की
उसमें छिपेगा नहीं औघड़ तुम्हारा दान—
साध्य नहीं मुझ से, किसी से चाहे सधा हो।

आज नहीं, कल सही
चाहूँ भी तो कब तक छाती में दबाए यह आग मैं रहूँगा?
आज तुम शब्द न दो, न दो—कल भी मैं कहूँगा।

दिल्ली : 21 अगस्त, 1953

जो कहा नहीं गया

है, अभी कुछ और जो कहा नहीं गया।

उठी एक किरण, धायी, क्षितिज को नाप गई,
सुख की स्मिति कसक-भरी, निर्धन की नैन-कोरों में काँप गई,
बच्चे ने किलक भरी, माँ की वह नस-नस में व्याप गई।
अधूरी हो, पर सहज थी अनुभूति :
मेरी लाज मुझे साज बन ढाँप गई—
फिर मुझ बेसबरे से रहा नहीं गया।
पर कुछ और रहा जो कहा नहीं गया।

निर्विकार मरु तक को सींचा है
तो क्या? नदी-नाले, ताल-कुएँ से पानी उलीचा है
तो क्या? उड़ा हूँ, दौड़ा हूँ, तेरा हूँ, पारंगत हूँ,
इसी अहंकार के मारे
अन्धकार में सागर के किनारे ठिठक गया : नत हूँ
उस विशाल में मुझ से बहा नहीं गया।
इसलिए जो और रहा, वह कहा नहीं गया।

शब्द, यह सही है, सब व्यर्थ है
पर इसीलिए कि शब्दातीत कुछ अर्थ हैं।
शायद केवल इतना ही : जो दर्द है
वह बड़ा है, मुझ से ही सहा नहीं गया।
तभी तो, जो अभी और रहा, वह कहा नहीं गया।

दिल्ली : 27 अक्टूबर, 1953

दूर्वांचल

पार्श्व गिरि का नम्र, चीड़ों में
डगर चढ़ती उमंगों-सी।
बिछी पैरों में नदी ज्यों दर्द की रेखा।
विहग-शिशु मौन नीड़ों में।
मैंने आँख भर देखा।
दिया मन को दिलासा—पुन: आऊँगा।
(भले ही बरस-दिन—अनगिन युगों के बाद!)
क्षितिज ने पलक-सी खोली,
तमक कर दामिनी बोली—
'अरे यायावर! रहेगा याद?'

माफ्लङ् (शिलङ्) : 22 सितम्बर, 1947

नन्दा देवी

[1]

ऊपर तुम, नन्दा!

नीचे तरु-रेखा से
मिलती हरियाली पर
बिखरे रेवड़ को
दुलार टेरती-सी
गड़रिये की बाँसुरी की तान :

और भी नीचे
कट गिरे वन की चिरी पट्टियों के बीच से
नए खनि-यंत्र की
भट्ठी से उठे धुएँ का फन्दा।
नदी की घेरती-सी वत्सल कुहनी के मोड़ में
सिहरते-लहरते शिशु धान।

चलता ही जाता है यह
अन्तहीन, अन-सुलझ
गोरख-धन्धा!

दूर, ऊपर तुम, नन्दा!

बिनसर, सितम्बर, 1972

[4]

वह दूर
शिखर
यह सम्मुख
सरसी
वहाँ दल के दल बादल
यहाँ सिहरते
कमल
वह तुम। मैं
यह मैं। तुम

यह
एक मेघ की बढ़ती लेख।

आप्त सकल अनुराग, व्यक्त;
वह
हटती धुँधलाती क्षिति-रेखा :
सन्धि-सन्धि में बसा
विकल नि:सीम विरह।

बिनसर, सितम्बर, 1972

[6]

नन्दा,
बीस-तीस-पचास वर्षों में
तुम्हारी वन-राजियों की लुगदी बना कर
हम उस पर
अखबार छाप चुके होंगे
तुम्हारे सन्नाटे को चींथ रहे होंगे
हमारे धुँधुआते शक्तिमान ट्रक,
तुम्हारे झरने-सोते सूख चुके होंगे
और तुम्हारी नदियाँ
ला सकेंगी केवल शस्य-भक्षी बाढ़ें
या आँतों को उमेठने वाली बीमारियाँ,
तुम्हारा आकाश हो चुका होगा
हमारे अस्तिवन विमानों के
धूम-सूत्रों का गुंझर।

नन्दा,
जल्दी ही—
बीस-तीस-पचास बरसों में
हम तुम्हारे नीचे एक मरु बिछा चुके होंगे

और तुम्हारे उस नदी-धौत सीढ़ी वाले मन्दिर में
जला करेगा
एक मरु-दीप!

सितम्बर, 1972

[9]

कितनी जल्दी
तुम उझकीं
झिझकीं
ओट हो गईं, नन्दा!
उतने ही में बीन ले गईं
धूप-कुन्दन की
अन्तिम कनिका।
देवदारु के तनों के बीच
फिर तन गई
धुन्ध की झीनी यवनिका!

बिनसर, नवम्बर, 1972

वहाँ—रात

पत्थरों के उन कंगूरों पर
अजानी गन्ध-सी अब छा गई होगी उपेक्षित रात।
बिछलती डगर-सी सुनसान सरिता पर
ठिठक कर सहम कर थम गई होगी बात।

अनमनी-सी धुन्ध में चुपचाप
हताशा में ठगे-से, वेदना से, क्लिन्न, पुरनम टिमकते तारे।
हार कर मुरझा गए होंगे अँधेरे में बिचारे—
विरस रेतीली नदी के दोनों किनारे।

रुके होंगे युगल चकवे बाँध अन्तिम बार
जल पर वृत्त मिट जाते दिवस के प्यार का—
अपनी हार का।
गन्ध-लोभी व्यस्त मौना कोष कर के बन्द
पड़ी होगी मौन
समेटे पंख, खींचे डंक, मोम के निज भौन में निष्पन्द!

पंचमी की चाँदनी कँपती उँगलियों से
आँख पथरायी समय की आँज जावेगी।
लिखत को 'आज' की फिर पोंछ 'कल' के लिए पाटी माँज जावेगी।
कहा तो सहज, पीछे लौट देखेंगे नहीं—
पर नकारों के सहारे कब चला जीवन?
स्मरण को पाथेय बनने दो :
कभी तो अनुभूति उमड़ेगी प्लवन का सान्द्र घन भी बन!

इलाहाबाद : 19 जनवरी, 1951

रात होते—प्रात होते

प्रात होते
सबल पंखों की अकेली एक मीठी चोट से

सहसा हुए
कँपने को

कँपने में
और जकड़े
मानो किसी
अपने को
पकड़े

कौन दीखा
सपने में
कहाँ खोये
तुम किस के साथ

अधमुँदे हाथ
नींद में
तुम सोये।

चाँदनी जी लो

शरद चाँदनी बरसी
अँजुरी भर कर पी लो।
ऊँघ रहे हैं तारे सिहरी सरसी
ओ प्रिय कुमुद ताकते अनझिप
क्षण में तुम भी जी लो।

ींच रही है ओस हमारे गाने

अनुगता मुझ को बना कर बावली को—
जान कर मैं अनुगता हूँ—
उस बिदा के विरह के विच्छेद के तीखे निमिष में भी युता हूँ—
उड़ गया वह बावला पंछी सुनहला
कर प्रहर्षित देह की रोमावली को।

प्रात होते
वही जो थके पंखों को समेटे—
आसरे की माँग पर विश्वास की चादर लपेटे—
चंचु की उन्मुख विकलता के सहारे
नम रही ग्रीवा उठाए—
सिहरता-सा, काँपता-सा,
नीड़ की—नीड़स्थ सब कुछ की प्रतीक्षा भाँपता-सा,

निकट अपनों के—निकटतर भवितव्य की अपनी
प्रतिज्ञा के—
निकटतम इस विबुध सपनों की सखी के आ गया था—
आ गया था रात होते!

मेरठ : 21 फ़रवरी, 1941

तुम सोये

तुम सोये
नींद में
अधमुँदे हाथ

घने कुहासे में झिपते चेहरे पहचाने
खम्भों पर बत्तियाँ खड़ी हैं सीठी
ठिठक गए हैं मानो पल-छिन आने-जाने।

उठी ललक हिय उमँगा अनकहनी अलसानी
जगी लालसा मीठी
खड़े रहो ढिंग, गहो हाथ पाहुन मनभाने,
ओ प्रिय, रहो साथ
भर-भर कर अँजुरी पी लो
बरसी शरद चाँदनी
मेरा अन्त:स्पन्दन तुम भी क्षण-क्षण जी लो।

शरद चाँदनी बरसी अँजुरी भर कर पी लो।

दिल्ली : 22 अक्टूबर, 1950

खुल गई नाव

खुल गई नाव
घिर आई संझा, सूरज डूबा सागर तीरे।
धुँधले पड़ते-से जल-पंछी
भर धीरज से मूक लगे मँडलाने,
सूना तारा उगा, चमक कर, साथी लगा बुलाने।
तब फिर सिहरी हवा, लहरियाँ काँपीं,
तब फिर मूर्छित व्यथा विदा की जागी धीरे-धीरे।

स्वेज अदन (जहाज़ में) : 5 फ़रवरी, 1956

कई नगर थे जो हमें

कई नगर थे
जो हमें देखने थे।
जिनके बारे में पहले पुस्तकों में पढ़ कर
उन्हें परिचित बना लिया था
और फिर अखबारों में पढ़ कर
जिन से फिर अनजान हो गए थे।
पर से सब शहर—
सुन्दर, मनोरम, पहचाने
पराए, आतंक-भरे
रात की उड़ान में
अनदेखे पार हो गए।

कहाँ हैं वे नगर? वे हैं भी?
हवाई अड्डों से निकलते यात्रियों के चेहरों में
उन की छायाएँ हैं :
यह : जिस के टोप और अखबार के बीच से भवें दीखती हैं—
इस की आँखों में एक नगर की मुर्दा आबादी है;
यह—जो अनिच्छुक धीरे हाथों से
अपना झोला
दिखाने के लिए खोल रहा है,
उस की उँगलियों के गट्टों में
और एक नगर के खँडहर हैं।
और यह—जिस की आँखें
सब की आँखों से टकराती हैं, पर जिस की दीठ
किसी से मिलती नहीं, उस का चेहरा
और एक क़िलेबन्द शहर का पहरे-घिरा परकोटा है।

नगर वे हैं, पर हम
अपनी रात की उड़ान में
सब पार कर आए हैं
एक जगमग अड्डे से
और एक जगमग अड्डे तक।

4 अक्टूबर, 1970

बड़े शहर का एक साक्षात्कार

अधर में लटका हुआ
भारी ठोस कन्था।
कसैले भूरे कोहरे में
झिपती-दिपती
प्रकाश की अनगिन थिगलियाँ।

कि कोहरे को थर्राती हुई
एक भर्राती हुई आवाज़ बोली :
उस कन्थे की एक थिगली
मेरा घर है। जानते हो न?
उस में मेरी घरवाली है।
अगर मैं इतनी पिये हुए न होता
तो पहचान देता।
मानते हो न?

मैं ने कहना चाहा : किसे?
घर को, या घरवाली को?
पर कह न सका : चुपचाप ही
उस के भाग्य को सराहा
जो भुला देता है
और याद रखता है भूल गए होने को :
जो, यों, सस्ते में दोहरा सुख लेता है!

लेकिन वह अपने-आप ही
रह न सका; बोला :
पर पिये न होता
तो घर को पहचान देता
मगर अपने-आप को ही नहीं पहचान पाता।
मैं हूँ, मैं कौन हूँ, मैं मैं हूँ,
यही कैसे जान पाता?
फिर क्या होता?
तुम्हीं कहो, फिर क्या होता?
उसे रट लग जाएगी—
वह तो झोंक में है, मेरी शामत आएगी!—
यह सोच कर मैं ने कहा :
नहीं दोस्त! तुम सब पहचानते हो,
तब भी पहचानते;
भला अपना घर न जानते?

नशे की खुशी में उस ने दोहराया,
हाँ, सब पहचानता हूँ!
घर को, घरवाली को,
हर थिगली को—खूब जानता हूँ!

फिर एकाएक उसे क्रोध हो आया :
नहीं, तुम कुछ नहीं जानते!
उस कन्थे में सत्ताईस सौ थिगलियाँ हैं—
सत्ताईस सौ दरबे हैं—
हर थिगली में एक घर है, एक घरवाली है—
सत्ताईस सौ कुनबे हैं!—
कोई कैसे पहचान देगा?
तुम झूठे हो, तुम कभी नहीं पहचानते!

उन सत्ताईस सौ थिगलियों में कौन-सी
मेरा घर है,
कोई कैसे जान सकता?
मैं भी कैसे पहचान सकता?
होश में भी पहचान सकता तो पहले पीता क्यों?
बताओ, मैं पीता क्यों?

कोहरे को थर्राती हुई
भर्राती हुई आवाज़ :
अधर में लटका हुआ
एक सवाल
और एक कन्था
दोनों झिरझिरे, दिपते-झिपते।
क्या सवालों की थिगलियों के पीछे भी
जलती हुई बत्तियाँ हैं
या सिर्फ़ अधर से लटकन?

बर्कले (कैलिफ़ोर्निया), 29 अक्टूबर, 1969

तं तु देशं न पश्यामि

देश-देश में बन्धु होंगे
पर बहुएँ नहीं होंगी
(राम की साखी के बावजूद);
किसी देश में बहू मिल जाएगी
जहाँ बन्धु कोई नहीं होगा।

किसी की जगह
कोई नहीं लेता :
यह तर्क भी
दर्शन की जगह नहीं लेगा,
क्यों नहीं मैं ही
अपनी जगह दूसरा
व्यक्तित्व खोज लेता?

नई दिल्ली, अगस्त, 1968

पश्चिम के समूह-जन

एक मृषा जिस में सब डूबे हुए हैं—
क्यों कि एक सत्य जिस से सब ऊबे हुए हैं।
एक तृषा जो मिट नहीं सकती इस लिए मरने नहीं देती;
एक गति जो विवश चलाती है इसलिए कुछ करने नहीं देती।

स्वातंत्र्य के नाम पर मारते हैं मरते हैं
क्यों कि स्वातंत्र्य से डरते हैं।

डार्टिंगटन हॉल, टॉटनेस : 18 अगस्त, 1955

साँझ-सबेरे

रोज़ सेबेरे मैं थोड़ा-सा अतीत में जी लेता हूँ—
क्यों कि रोज़ शाम को मैं थोड़ा-सा भविष्य में मर जाता हूँ।

नई दिल्ली, जून, 1968

हिरोशिमा

एक दिन सहसा
सूरज निकला
अरे क्षितिज पर नहीं,
नगर के चौक :
धूप बरसी
पर अन्तरिक्ष से नहीं,
फटी मिट्टी से।

छायाएँ मानव-जन की
दिशाहीन

सब ओर पड़ीं—वह सूरज
नहीं उगा था पूरब में, वह
बरसा सहसा
बीचोबीच नगर के :
काल-सूर्य के रथ के
पहियों के ज्यों अरे टूट कर
बिखर गए हों
दसों दिशा में।

कुछ क्षण का वह उदय-अस्त!
केवल एक प्रज्वलित क्षण की
दृश्य सोख लेने वाली दोपहरी।
फिर?
छायाएँ मानव जन की
नहीं मिटीं लम्बी हो-हो कर
मानव ही सब भाप हो गए।
छायाएँ तो अभी लिखी हैं
झुलसे हुए पत्थरों पर
उजड़ी सड़कों की गच पर।

मानव का रचा हुआ सूरज
मानव को भाप बना कर सोख गया।
पत्थर पर लिखी हुई यह
जली हुई छाया
मानव की साखी है।

दिल्ली-इलाहाबाद-कलकत्ता (रेल में), 10-12 जनवरी, 1959

सोन-मछली

हम निहारते रूप,
काँच के पीछे
हाँफ रही है मछली।

रूप-तृषा भी
(और काँच के पीछे)
है जिजीविषा

क्योतो, 10 सितम्बर, 1957

कालेमेग्दान[1]

इधर
परकोटे और भीतरी दीवार के बीच
लम्बी खाई में
ढंग से सँवरे हुए
पिछले महायुद्ध के हथियारों के ढूह :
रुँडे, टैंक, टुंडी तोपें, नकचपटे गोला-फेंक—
सब की पपोटे-रहित अन्धी आँखें
ताक रहीं आकाश।

1. सावा और दोनाउ (डैन्यूब) के संगम पर प्राचीन दुर्ग, जिसके भीतर अब अस्त्र-संग्रहालय भी है।

उधर
परकोटे और दीवार के बीच टीले पर
बेढंगे झंखाड़ों से अधढके
मठ और गिरजाघर के खँडहर
चौकठ-रहित खिड़कियों से उमड़ता अँधियारा
मनुष्यों को मानो खोजता हो धरती पर...
ईश्वर रे, मेरे बेचारे,
तेरे कौन रहे अधिक हत्यारे?

बेओग्राद (यूगोस्लाविया), 24 मई, 1966

मों मार्त्र

उधार के समय में
खरीदे हुए प्यार पर
चुराई हुई मुस्कानें।

चलती-फिरती पपड़ाई सूरतें,
इश्तहारी नंगी सूरतें :
एक में दूसरी
और क्या पहचानें?

बर्कले (कैलिफ़ोर्निया), 29 मार्च, 1969

औद्योगिक बस्ती

पहाड़ियों से घिरी हुई इस छोटी-सी घाटी में
ये मुँहझौंसी चिमनियाँ बराबर
धुआँ उगलती जाती हैं।

भीतर जलते लाल धातु के साथ
कमकरों की दुःसाध्य विषमताएँ भी
तप्त उबलती जाती हैं।

बँधी लीक पर रेलें लादे माल
चिहुँकती और रँभाती अफराये डाँगर-सी
ठिलती चलती जाती हैं।

उद्यम की कड़ी-कड़ी में बँधते जाते मुक्तिकाम
मानव की आशाएँ ही पल-पल
उस को छलती जाती हैं।

ओसाका-हिरोशिमा (रेल में) 17 दिसम्बर, 1957

मैं वहाँ हूँ

दूर दूर दूर...मैं वहाँ हूँ!

यह नहीं कि मैं भागता हूँ :

मैं सेतु हूँ—जो है और जो होगा दोनों को मिलाता हूँ—
मैं हूँ, मैं यहाँ हूँ, पर सेतु हूँ इसलिए
दूर दूर दूर...मैं वहाँ हूँ!

यह जो मिट्टी गोड़ता है, कोदई खाता है और गेहूँ खिलाता है
उस की मैं साधना हूँ।
यह जो मिट्टी फोड़ता है, मड़िया में रहता है और महलों को बनाता है
उस की मैं आस्था हूँ।
यह जो कज्जल-पुता खानों में उतरता है
पर चमाचम विमानों को आकाश में उड़ाता है,
यह जो नंगे बदन, तुम साध, पानी में उतरता है
और बाज़ार के लिए पानीदार मोती निकाल लाता है,
यह जो कलम घिसता है, चाकरी करता है पर सरकार को चलाता है
उस की मैं व्यथा हूँ।

यह जो कचरा ढोता है,
यह झल्ली लिये फिरता है और बेघरा घूरे पर सोता है,
यह जो गदहे हाँकता है, यह तो तन्दूर झोंकता है,
यह जो कीचड़ उलीचती है,
यह तो मनियार सजाती है,
यह जो कन्धे पर चूड़ियों की पोटली लिये गली-गली झाँकती है,
यह जो दूसरों का उतारन फींचती है,
यह जो रद्दी बटोरता है,
यह जो पापड़ बेलता है, बीड़ी लपेटता है, वर्क कूटता है,
धौंकनी फूँकता है, कलई गलाता है, रेढ़ी ठेलता है,
चौक लीपता है, बासन माँजता है, ईंटें उछालता है,
रुई धुनता है, गारा सानता है, खटिया बुनता है,
मशक से सड़क सींचता है,
रिक्शा में अपना प्रतिरूप लादे खींचता है,

जो भी जहाँ भी पिसता है पर हारता नहीं, न मरता है—
पीड़ित श्रमरत मानव
अविजित दुर्जेय मानव
कमकर, श्रमकर, शिल्पी, स्रष्टा—
उस की मैं कथा हूँ।

दूर दूर दूर...मैं वहाँ हूँ—
यह नहीं कि मैं भागता हूँ :
मैं सेतु हूँ—जो है और जो होगा, दोनों को मिलाता हूँ—
पर सेतु हूँ इसलिए
दूर दूर दूर...मैं वहाँ हूँ!

किन्तु मैं वहाँ हूँ तो ऐसा नहीं कि मैं यहाँ नहीं हूँ।
मैं दूर हूँ, जो है और जो होगा उसके बीच सेतु हूँ
तो ऐसा नहीं है कि जो है उसे मैंने स्वीकार कर लिया है।
मैं आस्था हूँ तो मैं निरन्तर उठते रहने की शक्ति हूँ,
मैं व्यथा हूँ तो मैं मुक्ति का श्वास हूँ,
मैं गाथा हूँ तो मैं मानव का अलिखित इतिहास हूँ,
मैं साधना हूँ तो मैं प्रयत्न में कभी शिथिल न होने का निश्चय हूँ,
मैं संघर्ष हूँ जिसे विश्राम नहीं,
जो है मैं उसे बदलता हूँ, जो मेरा कर्म है, उस में मुझे संशय का नाम नहीं,
वह मेरा अपनी साँस-सा पहचाना है,
लेकिन घृणा—घृणा से मुझे काम नहीं
क्यों कि मैं ने डर नहीं जाना है।
मैं अभय हूँ,
मैं भक्ति हूँ,
मैं जय हूँ।

दूर दूर दूर...मैं सेतु हूँ,

किन्तु शून्य से शून्य तक का सतरंगी सेतु नहीं,
वह सेतु, जो मानव से मानव का हाथ मिलने से बनता है,
जो हृदय से हृदय को, श्रम की शिखा से, श्रम की शिखा को
कल्पना के पंख से कल्पना के पंख को,
विवेक की किरण से विवेक की किरण को
अनुभव के स्तम्भ से अनुभव के स्तम्भ को मिलाता है,
जो मानव को एक करता है,
समूह का अनुभव जिस की मेहराबें हैं
और जन-जीवन की अजस्त्र प्रवाहमयी नदी जिसके नीचे से बहती है
मुड़ती, बल खाती, नए मार्ग फोड़ती, नए कगारे तोड़ती,
चिर परिवर्तनशीला, सागर की ओर जाती, जाती, जाती...
मैं वहाँ हूँ—दूर दूर दूर!

दिल्ली (बस में) : 20 सितम्बर, 1954

कैसा है यह ज़माना

कैसा है यह ज़माना
कि लोग
इसे भी प्यार की कविता
मानेंगे!

पर कैसा है यह ज़माना
कि हमीं
ऐसी ही कविता में

अपना प्यार
पहचानेंगे।

बर्कले (कैलिफ़ोर्निया), अप्रैल, 1969

देखिए न मेरी कारगुज़ारी

अब देखिए न मेरी कारगुज़ारी
कि मैं मँगनी के घोड़े पर
सवारी कर
ठाकुर साहब के लिए उन की रियाया से लगान
और सेठ साहब के लिए पंसार-हट्टे की हर दूकान
से किराया
वसूल कर लाया हूँ

थैली वाले को थैली
तोड़े वाले को तोड़ा
—और घोड़े वाले को घोड़ा।

सब को सब का लौटा दिया
अब मेरे पास यह घमंड है
कि सारा समाज मेरा एहसानमन्द है।

अहं राष्ट्री संगमनी जनानाम्

सबेरे आए बाम्हन
जो जैसे ही जागे कि नहाए
नहाते ही भूख से कुनमुनाए
भूख लगते ही सब को देने लगे
दान और श्रद्धा का उपदेश।
जो अघा कर खा कर घर आ कर (या लाए जा कर)
चैन से लेंगे डकार।
नहीं, जो डकार भी नहीं लेंगे।
(वामन ने तीन डग में त्रिलोक नाप लिया था,
ऊँचे-पूरे बाम्हन की एक ही डकार से
मच गया कहीं ब्रह्मांड में हाहाकार?)

दोपहरे आए जाट :
जिन के मचलते ही ख़ुदा को ले जावें चोर।
(क्या इसी तरह राज्य में निभती है धर्म-निरपेक्षता?)
बाकी रहे हम—सीनाज़ोर।
सेपहर पधारे कायस्थ :
राज्य की काया में बरसों से बसे हुए
हर मामला फँसाने के काम में बेतरह फँसे हुए।
कायथ : जो भला तो किसी का करेंगे कैसे,
पर बुरा नहीं करेंगे, इस के मिलेंगे कितने पैसे?

साँझ में आए बनिये और अहीर :
कोई अंटी में खोंसते नावाँ, काढ़ते हुए खीसें,
कोई लाठी में चुपड़ते तेल,
कोई हाँकते भैंस, कोई आँकते भैंस वाले का मोल,

कोई जो खुल कर दूध में पानी मिलाता
क्यों कि डीपोवाले को मस्का लगाता है,
कोई जिसे छाती पर मूँग दलना भाता है,
कोई जिसे सिर्फ़ ख़ून पीना आता है।
अपने-अपने काम का अपना-अपना तरीक़ा होता है।
राज में रहने, समाज में जीने, राजनीति में जमने का
एक सलीका होता है।

मौलाना रोज़े से थे : आए नहीं।
सरदारजी तैश में थे : किसी ने मनाए नहीं।
मसीही आएँ तो, पर करेंगे क्या,
जब हिन्दी ही कोई पढ़ाए नहीं?

रात में भी कोई आए, घुप अँधेरे में :
कौन, यह बता नहीं गए।
पूछने पर कुछ लजा या सकपका गए
मानो जान लूँगा तो—
तो न जाने क्या ठान लूँगा—
उन्हें कुछ भी मान लूँगा—चोर, दुश्मन, आवारे,
बनजारे, घसियारे—
संक्षेप में—खुले में मुँह न दिखा सकने वाले बेचारे।
सहमे हुए सब, कि उन की जान लूँ न लूँ
इनसानियत ज़रूर नकार दूँगा।

यों सब आ गए। मेला जुट गया।
यही मैं नहीं जान पाया कि इस पचमेल भीड़ में
वह एक समाज कहाँ छूट गया?
और जिस में पहचाना था देश का चेहरा
वह आईना कहाँ लुट गया?

जाट रे जाट
तेरे सिर पर खाट
परजातन्तर की!
ख़ैर, यह बोझा तो जैसे-तैसे ढो लिया जाएगा—
कभी खाट ऊपर तो कभी जाट ऊपर,
यों बोझा न मान, उसे बेचने से पहले
उस पर थोड़ा सो लिया जाएगा।
(बाद में तो घोड़ा बेच कर सोते हैं।
पर वह नसीबा इस जन नाम गधे को मिला कब!)

देस रे देस
तेरे सिर पर कोल्हू।
इस का भार तू कैसे ढोएगा
जिसे परेंगे जाट, बाम्हन, बनिया, तेली, खत्री,
मौलवी, कायथ, मसीही, जाटव, सरदार, भूमिहार, अहीर
और वे सारे घेरे के बाहर के बेचारे
जो नहीं पहचानते अपनी तक़दीर :
तू किस-किस को रोएगा?
कब बनेगा तो राष्ट्र
कब तू अपनी नियति को पकड़ पा कर
तकिया लगा कर सोएगा?

नई दिल्ली, जून, 1968

टेसू

ग्रीष्म तो न जाने कब आएगा!

लू के दुर्दम दुर्मद घोड़े पर वह अनलोद्भव अवतार-पुरुष
कब आ कर धरती को तपाएगा
उस ताप से जिस से वह तपःपूत, तपःकृशा
फिर माँग सके, सह सके वह पावस की मिलन-निशा
जिस में नव मेघ-दूत शावक-सा
आ कर अदम्य जीवन के द्रावक सँदेसे से उसे हुलसाएगा—
ग्रीष्म तो न जाने कब आएगा!

तब तक मैं उस का एक अकिंचन अग्रदूत
अपनी अखंड आस्था के साक्ष्य-रूप
मशाल जला दूँ—
न सही क्षयग्रस्त नगर में—
इस वनखंडी में आग लगा दूँ।

नागपुर-जबलपुर (मोटर में) : 17 मार्च, 1954

जन्म-दिवस

एक दिन
और दिनों-सा
आयु का एक बरस ले चला गया।

नई दिल्ली, 7 मार्च, 1958

आखेटक

कई बार आकर्ण तान धनु/लक्ष्य साध कर
तीर छोड़ता हूँ मैं—
कोई गिरता नहीं, किन्तु सद्य: उपलब्धि मुझे होती है :
आखेटक का रस सत्वर मुझ को मिल जाता है।

कभी-कभी निरुद्देश्य, निर्लक्ष्य,
तीर से रहित धनुष की प्रत्यंचा को/देता हूँ टंकार अनमना :
मेरे हाथ कुछ नहीं आता, दूर कहीं, पर
हाय! मर्म में कोई बिंध जाता है!

दिल्ली : होली, 1956

नदी के द्वीप

हम नदी के दीप हैं।
हम नहीं कहते कि हम को छोड़ कर स्रोतस्विनी बह जाए।
वह हमें आकार देती है।
हमारे कोण, गलियाँ, अन्तरीप, उभार, सैकत कूल,
सब गोलाइयाँ उस की गढ़ी हैं।

माँ है वह। है, इसी से हम बने हैं।

किन्तु हम हैं द्वीप।
हम धारा नहीं हैं।
स्थिर समर्पण है हमारा। हम सदा से द्वीप हैं स्रोतस्विनी के

किन्तु हम बहते नहीं हैं। क्यों कि बहना रेत होना है।
हम बहेंगे तो रहेंगे ही नहीं।

पैर उखड़ेंगे। प्लवन होगा। ढहेंगे। सहेंगे। बह जाएँगे।
और फिर हम चूर्ण हो कर भी कभी क्या धार बन सकते?
रेत बन कर हम सलिल तनिक गँदला ही करेंगे।
अनुपयोगी ही बनाएँगे।

द्वीप हैं हम।
यह नहीं है शाप। यह अपनी नियति है।
हम नदी के पुत्र हैं। बैठे नदी के क्रोड़ में।
वह बृहद् भूखंड से हम को मिलाती है।
और वह भूखंड अपना पितर है।

नदी, तुम बहती चलो।
भूखंड से जो दाय हम को मिला है, मिलता रहा है,
माँजती, संस्कार देती चलो :
यदि ऐसा कभी हो
तुम्हारे आह्लाद से या दूसरों के किसी स्वैराचार से—अतिचार से—

तुम बढ़ो, प्लावन तुम्हारा घरघराता उठे,
यह स्रोतस्विनी ही कर्मनाशा कीर्तिनाश घोर काल-प्रवाहिनी बन जाए
तो हमें स्वीकार है वह भी। उसी में रेत हो कर
फिर छनेंगे हम। जमेंगे हम। कहीं फिर पैर टेकेंगे।
कहीं फिर भी खड़ा होगा नए व्यक्तित्व का आकार।

मातः, उसे फिर संस्कार तुम देना।

इलाहाबाद : 11 सितम्बर, 1949

दूज का चाँद

मेरे छोटे घर-कुटीर का दिया
तुम्हारे मन्दिर के विस्तृत आँगन में
सहमा-सा रख दिया गया।

[आँगन के पार द्वार]

मछली

[राइजान् पर आधारित]

उछली मछली
मानो पानी का अन्तरंग ही
काँप गया हो।

[अरी ओ करुणा प्रभामय]

अलूचे फूले

[रीटो पर आधारित]

और कहीं भी क्या वसन्त आया है—

या कि अलूचे ही ये
हैं बौराये ?

[अरी ओ करुणा प्रभामय]

गरम सोते का स्नान

[रांगेत्सू पर आधारित]

ताते पानी के सोते में न्हाने का सुख
जाते पानी को धोता है
आता पानी।

[अरी ओ करुणा प्रभामय]

ध्रुपद : शं...

शं...
शायद कोई आएगा
मैं तो स्तब्ध सपने-से में
तानपूरा साधता हुआ बैठा हूँ :
गायक आएगा तब आएगा।

आने से पहले साज साधना
क्या बहाना नहीं है?
जब वह अभी आया नहीं है,
आएगा तो क्या गाएगा
यह मेरा जाना नहीं है?

पर वह आएगा
यह सोच भी तो मेरे रोम उमगाती है :
यही आस्था मेरी कल्पना जगाती है,

मेरी उँगलियों को कँपाती है :
मैं नहीं गाता, गीत मुझ में गाया जाता है,
जिस के साथ
मैं नहीं साधता तानपूरा, मेरे हाथों
वह सधाया जाता है।

शं...
एक सन्नाटा। एक गूँज...
ज्वार नहीं आया। अभी नहीं आया; आएगा।
पर तट की हर सीपी ने उस का स्वर गुना है,
हर शंख में उस का स्वर भरा है :
उसी का तार मेरी हर शिरा है,
नहीं मेरे रोम-रोम ने सुना है,
सुना है, सुना है, सुना है...

नई दिल्ली (मोईनुद्दीन डागर स्मृति समारोह), 13 मई, 1968

असाध्य वीणा

आ गए प्रियंवद! केशकम्बली! गुफा-गेह!
राजा ने आसन दिया। कहा :
"कृतकृत्य हुआ मैं तात! पधारे आप।
भरोसा है अब मुझ को
साध आज मेरे जीवन की पूरी होगी!"

लघु संकेत समझ राजा का
गण दौड़े। लाए असाध्य वीणा,

साधक के आगे रख उस को, हट गए।
सभी की उत्सुक आँखें
एक बार वीणा को लख, टिक गईं
प्रियंवद के चेहरे पर।

"यह वीणा उत्तराखंड के गिरि-प्रान्तर से
—घने वनों में जहाँ तपस्या करते हैं व्रतचारी—
बहुत समय पहले आई थी।
पूरा तो इतिहास न जान सके हम :
किन्तु सुना है
वज्रकीर्ति ने मंत्रपूत जिस
अति प्राचीन किरीट-तरु से इसे गढ़ा था—
उस के कानों में हिम-शिखर रहस्य कहा करते थे अपने,
कन्धों पर बादल सोते थे,
उस की करि-शुंडों-सी डालें
हिम-वर्षा से पूरे वन-यूथों का कर लेत थीं परित्राण,
कोटर में भालू बसते थे,
केहरि उस के वल्कल से कन्धे खुजलाने आते थे।
और—सुना है—जड़ उस की जा पहुँची थी पाताल-लोक,
उस की ग्रन्थ-प्रवण शीतलता से फण टिका नाग वासुकि सोता था।
उसी किरीटी-तरु से वज्रकीर्ति ने
सारा जीवन इसे गढ़ा :
हठ-साधना यही थी उस साधक की—
वीणा पूरी हुई, साथ साधना, साथ ही जीवन-लीला।"

राजा रुके साँस लम्बी ले कर फिर बोले :
"मेरे हार गए सब जाने-माने कलावन्त,
सबकी विद्या हो गई अकारथ, दर्प चूर,
कोई ज्ञानी गुणी आज तक इसे न साध सका।

अब यह असाध्य वीणा ही ख्यात हो गई।
पर मेरा अब भी है विश्वास
कृच्छ्र-तप वज्रकीर्ति का व्यर्थ नहीं था।
वीणा बोलेगी अवश्य, पर तभी
इसे जब सच्चा-स्वरसिद्ध गोद में लेगा।
तात! प्रियंवद! लो, यह सम्मुख रही तुम्हारे
वज्रकीर्ति की वीणा,
यह मैं, यह रानी, भरी सभा यह :
सब उदग्र, पर्युत्सुक,
जन-मात्र प्रतीक्षमाण!"

केशकम्बली गुफा-गेह ने खोला कम्बल।
धरती पर चुप-चाप बिछाया।
वीणा उस पर रख, पलक मूँद कर, प्राण खींच,
कर के प्रणाम,
अस्पर्श छुअन से छुए तार।
धीरे बोला : "राजन्! पर मैं तो
कलावन्त हूँ नहीं, शिष्य, साधक हूँ—
जीवन के अनकहे सत्य का साक्षी।
वज्रकीर्ति!
प्राचीन किरीटी-तरु!
अभिमंत्रित वीणा!
ध्यान-मात्र इन का तो गद्‌गद विह्वल कर देने वाला है!"

चुप हो गया प्रियंवद।
सभा भी मौन हो रही।

वाद्य उठा साधक ने गोद रख लिया।
धीरे-धीरे झुक उस पर, तारों पर मस्तक टेक दिया।

सभा चकित थी—अरे, प्रियंवद क्या सोता है?
केशकम्बली अथवा हो कर पराभूत
झुक गया वाद्य पर?
वीणा सचमुच क्या है असाध्य?

पर उस स्पंदित सन्नाटे में
मौन प्रियंवद साध रहा था वीणा—
नहीं, स्वयं अपने को शोध रहा था।
सघन निविड़ में वह अपने को
सौंप रहा था उसी किरीटी-तरु को।
कौन प्रियंवद है कि दम्भ कर
इस अभिमंत्रित कारुवाद्य के सम्मुख आवे?
कौन बजावे
यह वीणा जो स्वयं एक जीवन भर की साधना रही?
भूल गया था केशकम्बली राज-सभा को :
कम्बल पर अभिमंत्रित एक अकेलेपन में डूब गया था
जिस में साक्षी के आगे था
जीवित वही किरीटी-तरु
जिस की जड़ वासुकि के फण पर थी आधारित,
जिस के कन्धों पर बादल सोते थे
और कान में जिस के हिमगिरि कहते थे अपने रहस्य।
सम्बोधित कर उस तरु को, करता था
नीरव एकालाप प्रियंवद।

"ओ विशाल तरु!
शत-सहस्र पल्लवन-पतझरों ने जिस का नित रूप सँवारा,
कितनी बरसातों कितने खद्योतों ने आरती उतारी,
दिन भर भौंरे कर गए गुंजरित,
रातों में झिल्ली ने

अनकथ मंगल-गान सुनाए,
साँझ-सवेरे अनगिन
अनचीन्हे खग-कुल की मोद-भरी कीड़ा-काकलि
डाली-डाली को कँपा गई—
ओ दीर्घकाय!
ओ पूरे झारखंड के अग्रज,
तात, सखा, गुरु, आश्रय,
त्राता महच्छाय,
ओ व्याकुल मुखरित वन-ध्वनियों के
वृन्दगान के मूर्त रूप,
मैं तुझे सुनूँ,
देखूँ, ध्याऊँ
अनिमेष, स्तब्ध, संयत, संयुत, निर्वाक् :
कहाँ साहस पाऊँ
छूस कूँ तुझे!

तेरी काया को छेद, बाँध कर रची गई वीणा को
किस स्पर्धा से
हाथ करें आघात
छीनने को तारों से
एक चोट में वह संचित संगीत जिसे रचने में
स्वयं न जाने कितनों के स्पंदित प्राण रच गए!

"नहीं, नहीं! वीणा यह मेरी गोद रखी है, रहे,
किन्तु मैं ही तो
तेरी गोदी बैठा मोद-भरा बालक हूँ,
ओ तरु-तात! सँभाल मुझे,
मेरी हर किलक
पुलक में डूब जाय :

मैं सुनूँ,
गुनूँ,
विस्मय से भर आँकें
तेरे अनुभव का एक-एक अन्त:स्वर
तेरे दोलन की लोरी पर झूमूँ मैं तन्मय—
गा तू :
तेरी लय पर मेरी साँसें
भरें, पुरें, रीतें, विश्रान्ति पाएँ।

"गा तू!
यह वीणा रखी है : तेरा अंग-अपंग!
किन्तु अंगी, तू अक्षत, आत्म-भरित,
रस-विद्,
तू गा :
मेरे अँधियारे अन्तस् में आलोक जगा
स्मृति का
श्रुति का—

"हाँ, मुझे स्मरण है :

बदली—कौंध—पत्तियों पर वर्षा-बूँदों की पट-पट।
घनी रात में महुए का चुप-चाप टपकना।
चौंके खग-शावक की चिहुँक।
शिलाओं को दुलराते वन-झरने के
द्रुत लहरीले जल का कल-निनाद।
कुहरे में छन कर आती
पर्वती गाँव के उत्सव-ढोलक की थाप।
गड़रियों की अनमनी बाँसुरी।
कठफोड़े का ठेका। फुलसुँघनी की आतुर फुरकन :

ओस-बूँद की ढरकन—इतनी कोमल, तरल, कि झरते-झरते मानो
हरसिंगार का फूल बन गई।
भरे शरद् के ताल, लहरियों की सरसर-ध्वनि।
कूँजों का क्रेंकार। काँद लम्बी टिट्टिभ की।
पंख-युक्त सायक-सी हंस-बलाका।
चीड़-वनों में गन्ध-अन्ध उन्मद पतंग की जहाँ-तहाँ टकराहट
जल-प्रपात का प्लुत एकस्वर।
झिल्ली-दादुर, कोकिल-चातक की झंकार पुकारों की यति में
संसृति की साँय-साँय।

हाँ, मुझे स्मरण है :
दूर पहाड़ों से काले मेघों की बाढ़
हाथियों का मानो चिंघाड़ रहा हो यूथ।
घरघराहट चढ़ती बहिया की।
रेतीले कगार का गिरना छप्-छड़ाप।
झंझा की फुफकार, तप्त,
पेड़ों का अररा कर टूट-टूट कर गिरना।
ओले की कर्री चपत।
जमे पाले से तनी कटारी-सी सूखी घासों की टूटन।
ऐंठी मिट्टी का स्निग्ध घास में धीरे-धीरे रिसना।
हिम-तुषार के फाहे धरती के घावों को सहलाते चुप-चाप।
घाटियों में भरती
गिरती चट्टानों की गूँज—
काँपती मन्द्र गूँज—अनुगूँज—साँस खोई-सी, धीरे-धीरे नीरव।

"मुझे स्मरण है :
हरी तलहटी में, छोटे पेड़ों की ओट ताल पर
बँधे समय वन-पशुओं की नानाविध आतुर-तृप्त पुकारें :
गर्जन, घुर्घुर, चीख़, भूँक, हुक्का, चिचियाहट।

कमल-कुमुद-पत्रों पर चोर-पैर द्रुवत धावित
जल-पंछी की चाप।
थाप दादुर की चकित छलाँगों की।
पन्थी के घोड़े की टाप अधीर।
अचंचल धीर थाप भैंसों के भारी खुर की।

"मुझे स्मरण है :
उझक क्षितिज से
किरण भोर की पहली
जब तकती है ओस-बूँद को
उस क्षण की सहसा चौंकी-सी सिहरन।
और दुपहरी में जब
घास-फूल अनदेखे खिल जाते हैं
मोमाखियाँ असंख्य झूमती करती हैं गुंजार—
उस लम्बे विलमे क्षण का तन्द्रालस ठहराव।
और साँझ को
जब तारों की तरल कँपकँपी
स्पर्शहीन झरती है—
मानो नभ में तरल नयन ठिठकी
नि:संख्य सवत्सा युवती माताओं के आशीर्वाद—
उस सन्धि-निमिष की पुलकन लीयमान।

"मुझे स्मरण है :
और चित्र प्रत्येक
स्तब्ध, विजड़ित करता है मुझ को।
सुनता हूँ मैं
पर हर स्वर-कम्पन लेता है मुझ को मुझ से सोख—
वायु-सा नाद-भरा मैं उड़ जाता हूँ।...
मुझे स्मरण है—

पर मुझ को मैं भूल गया हूँ :
सुनता हूँ मैं—
पर मैं मुझ से परे, शब्द में लीयमान।

"मैं नहीं, नहीं! मैं कहीं नहीं!
ओ रे तरु! ओ वन!
ओ स्वर-संभार!
नाद-मय संसृति!
ओ रस-प्लावन!
मुझे क्षमा कर—भूल अकिंचनता को मेरी—
मुझे ओट दे—ढक ले—छा ले—
ओ शरण्य!
मेरे गूँगेपन को तेरे सोये स्वर-सागर का ज्वार डुबा ले!
आ, मुझे भुला,
तू उतर बीन के तारों में
अपने से गा
अपने को गा—
अपने खग-कुल को मुखरित कर
अपनी छाया में पले मृगों की चौकड़ियों को ताल बाँध,
अपने छायातप, वृष्टि-पवन, पल्लव-कुसुमन की लय पर
अपने जीवन-संचय को कर छन्दयुक्त,
अपनी प्रज्ञा को वाणी दे!
तू गा, तू गा—
तू सन्निधि पा—तू खो
तू आ—तू हो—तू गा। तू गा!"

राजा जागे।
समाधिस्थ संगीतकार का हाथ उठा था—
काँपी थीं उँगलियाँ।

अलग अँगड़ाई ले कर मानो जाग उठी थी वीणा :
किलक उठे थे स्वर-शिशु।
नीरव पद रखता जालिक मायावी
सधे करों से धीरे धीरे-धीरे
डाल रहा था जाल हेम-तारों का।

सहसा वीणा झनझना उठी—
संगीतकार की आँखों में ठंडी पिघली ज्वाला-सी झलक गई—
रोमांच एक बिजली-सा सब के तन में दौड़ गया।
अवतरित हुआ संगीत
स्वयम्भू
जिस में सोता है अखंड
ब्रह्मा का मौन
अशेष प्रभामय।

डूब गए सब एक साथ।
सब अलग-अलग एकाकी पार तिरे।

राजा ने अलग सुना :
जय देवी यश:काय
वरमाल लिये
गाती थी मंगल-गीत,
दुन्दुभी दूर कहीं बजती थी,
राज-मुकुट सहसा हलका हो आया था, मानो हो फूल सिरिस का
ईर्ष्या, महदाकांक्षा, द्वेष, चाटुता
सभी पुराने लुगड़े से झर गए, निखर आया था जीवन-कांचन
धर्म-भाव से जिसे निछावर वह कर देगा।

रानी ने अलग सुना :

छँटती बदली में एक कौंध कह गई—
तुम्हारे ये मणि-माणक, कंठहार, पट-वस्त्र,
मेखला-किंकिणि—
सब अन्धकार के कण हैं ये! आलोक एक है
प्यार अनन्य! उसी की
विद्युल्लता घेरती रहती है रस-भार मेघ को,
थिरक उसी की छाती पर उसमें छिप कर सो जाती है
आश्वस्त, सहज विश्वास-भरी।
रानी
उस एक प्यार को साधेगी।
सब ने भी अलग-अलग संगीत सुना।
इस को
वह कृपा-वाक्य था प्रभुओं का।
उस को
आतंक-मुक्ति का आश्वासन!
इस को
वह भरी तिजोरी में सोने की खनक।
उसे
बटुली में बहुत दिनों के बाद अन्न की सोंधी ख़ुशबू।
किसी एक को नई वधू की सहमी-सी पायल-ध्वनि।
किसी दूसरे को शिशु की किलकारी।
एक किसी को जाल-फँसी मछली की तड़पन—
एक अपर को चहक मुक्त नभ में उड़ती चिड़िया की।
एक तीसरे को मंडी की ठेलमठेल, ग्राहकों की आस्पर्धा भरी बोलियाँ,
चौथे को मन्दिर की ताल-युक्त घंटा-ध्वनि।
और पाँचवें को लोहे पर सधे हथौड़े की सम चोटें
और छठे को लंगर पर कसमसा रही नौका पर लहरों की अविराम थपक।
बटिया पर चमरौधे की रुँधी चाप सातवें के लिए—
और आठवें को कुलिया की कटी मेंड़ से बहते जल की छुल-छुल।

इसे गमक नट्टिन की एड़ी के घुमरू की।
उसे युद्ध का ढोल।
इसे संझा-गोधूली की लघु टुन-टुन—
उसे प्रलय का डमरू-नाद।
इस को जीवन की पहली अँगड़ाई
पर उस को महाजृम्भ विकराल काल!
सब डूबे, तिरे, झिपे, जागे—
हो रहे वंशवद, स्तब्ध :
इयत्ता सब की अलग-अलग जागी,
संघीत हुई,
पा गई विलय।

वीणा फिर मूक हो गई।

साधु! साधु!!

राजा सिंहासन से उतरे—
रानी ने अर्पित की सतलड़ी माल,
"हे स्वरजित्! धन्य! धन्य!"

संगीतकार
वीणा को धीरे से नीचे रख, ढक—मानो
गोदी में सोये शिशु को पालने डाल कर मुग्धा माँ
हट जाए, दीठ से दुलराती—
उठ खड़ा हुआ।
बढ़ते राजा का हाथ उठा करता आवर्जन,
बोला :
"श्रेय नहीं कुछ मेरा :
मैं तो डूब गया था स्वयं शून्य में—

वीणा के माध्यम से अपने को मैं ने
सब कुछ को सौंप दिया था—
सुना आप ने जो वह मेरा नहीं,
न वीणा का था :
वह तो सब कुछ की तथता थी
महाशून्य
वह महामौन
अविभाज्य, अनाप्त, अद्रवित, अप्रमेय
जो शब्दहीन
सब में गाता है।"

नमस्कार कर मुड़ा प्रियंवद केशकम्बली।
ले कर कम्बल गेह-गुफा को चला गया।
उठ गई सभा। सब अपने-अपने काम लगे।
युग पलट गया।

प्रिय पाठक! यों मेरी वाणी भी
मौन हुई।

अल्मोड़ा, 18-20 जून, 1961

चक्रान्त शिला-8

जितनी स्फीति इयत्ता मेरी झलकाती है
उतना ही मैं प्रेत हूँ।

जितना रूपाकार-सारमय दीख रहा हूँ।
रेत हूँ।

फोड़-फोड़ कर जितने को तेरी प्रतिमा
मेरे अनजाने, अनपहचाने
अपने ही मनमाने
अंकुर उपजाती है—
बस, उतना मैं खेत हूँ।

जमशेदपुर, 26 मार्च, 1961

चक्रान्त शिला-10

धुन्ध से ढकी हुई
कितनी गहरी वापिका तुम्हारी
कितनी लघु अंजली हमारी।

कुहरे में जहाँ-तहाँ लहराती-सी कोई
छाया जब-तब दिख जाती है
उत्कंठा की ओक वही द्रव भर ओठों तक लाती है—
बिजली की जलती रेखा-सी
कंठ चीरती छाती तक खिंच जाती है।
फिर और प्यास तरसाती है,
फिर दीठ
धुन्ध में फाँक खोजने को टकटकी लगाती है।
आतुरता हमें भुलाती है
कितनी लघु अंजली हमारी,
कितनी गहरी यह धुन्ध-ढकी वापिका तुम्हारी।

फिर भरते हैं ओक,
लहर का वृत्त फैल कर हो जाता है ओझल,
इसी भाँति युग-कल्प शिलित कर गए हमारे पल-पल
—वापी को जो धुन्ध ढके है, छा लेती है
गिरि-गह्वर भी अविरल।
किन्तु एक दिन खुल जाएगा
स्फटिक-मुकुर-सा निर्मल वापी का तल,
आशा का आग्रह हमें किए है बेकल—
धुन्ध-ढकी
कितनी गहरी वापिका तुम्हारी,
कितनी लघु अंजली हमारी।

किन्तु नहीं क्या यही धुन्ध है सदावर्त
जिस में नीरन्ध्र तुम्हारी करुणा
बँटती रहती है दिन-याम?
कभी झाँक जाने वाली छाया ही
अन्तिम भाषा-सम्भव-नाम?
करुणा धाम!
बीज-मंत्र यह, सार-सूत्र यह, गहराई का एक यही परिमाण,
हमारा यही प्रणाम!

धुन्ध-ढकी
कितनी गहरी वापिका तुम्हारी—
लघु अंजली हमारी।

पिएर क्वि वी'र (फ्रांस) 28 मई, 1960

चक्रान्त शिला-13

अकेला और अकेली
प्रियतम धीर, समुद सब रहने वाला;
मनचली सहेली।

अकेला :
वह तेजोमय है जहाँ,
दीठ बेवस झुक जाती है;
वाणी तो क्या, सन्नाटे तक की गूँज
वहाँ चुक जाती है।
शीतलता उस की एक छुअन-भर से
सारे रोमांच शिलित कर देती है,
मन के द्रुत रथ की गविश्रान्त गति
कभी नहीं उस का पद-नख तक परिक्रान्त कर पाती है।
वह
इसलिए
अकेला।

अकेली;
जो कहना है, वह भाषा नहीं माँगता।
इसलिए किसी की साक्षी नहीं माँगता,
जो सुनना है, वह जहाँ झरेगा तेज-भस्म कर डालेगा—
तब कैसे कोई उसे झेलने के हित पर से साझा पालेगा?
वह
इसलिए निरस्त्र, निर्वसन, निस्साधन, निरीह
इसलिए
अकेली।

पिएर क्वि वीर 'र (फ्रांस) 30 मई, 1960

चक्रान्त शिला-19

उस बीहड़ काली एक शिला पर बैठा दत्तचित्त—
वह काक चोंच से लिखता ही जाता है अविश्राम
पल-छिन, दिन-युग, भय-त्रास, व्याधि-ज्वर,
जरा-मृत्यु,
बनने-मिटने के कल्प, मिलन-बिछुड़न,
गति-निगति-विलय के
अन्तहीन चक्रान्त।

इस धवल शिला पर यह आलोक-स्नात
उजला ईश्वर-योगी, अक्लान्त शान्त,
अपनी स्थिर, धीर, मन्द स्मिति से वह सारी लिखत
मिटाता जाता है।

योगी।
वह स्मिति मेरे भीतर लिख दे :
मिट जाय सभी जो मिटता है।
वह अलम् होगी।

पिएर क्वि वीर'र (फ्रांस) 25 मई, 1960

चक्रान्त शिला-26

आँगन के पार
द्वार खुले

द्वार के पार आँगन।
भवन के ओर-छोर
सभी मिले—
उन्हीं में कहीं खो गया भवन।

कौन द्वारी
कौन अगारी, न जाने,
पर द्वार के प्रतिहारी को
भीतर के देवता ने
किया बार-बार पा-लागन

नई दिल्ली, 7 जुलाई, 1961

कन्हाई ने प्यार किया

कन्हाई ने प्यार किया कितनी गोपियों को कितनी बार।
पर उड़ेलते रहे अपना सारा दुलार
उस एक रूप पर जिसे कभी पाया नहीं—
जो कभी हाथ आया नहीं।
कभी किसी प्रेयसी में उसी को पा लिया होता—
तो दुबारा किसी को प्यार क्यों किया होता?

कवि ने गीत लिखे नए-नए बार-बार,
पर उसी एक विषय को देता रहा विस्तार
जिसे कभी पूरा पकड़ पाया नहीं—

जो कभी किसी गीत में समाया नहीं।
किसी एक गीत में अँट गया दिखता
तो कवि दूसरा गीत ही क्यों लिखता?

नई दिल्ली, अक्टूबर, 1968

द्वारहीन द्वार

द्वार के आगे
और द्वार :
यह नहीं कि कुछ अवश्य
है उन के पार—
किन्तु हर बार
मिलेगा आलोक,
झरेगी रस-धार।

क्योतो, 15 दिसम्बर, 1957

देहरी पर

मन्दिर तुम्हारा है
देवता हैं किस के?

प्रणति तुम्हारी है
फूल भरे किस के?

नहीं, नहीं, मैं झरा, मैं झुका,
मैं ही तो मन्दिर हूँ,
ओ देवता! तुम्हारा।
वहाँ, भीतर, पीठिका पर टिके
प्रसाद से भरे तुम्हारे हाथ
और मैं यहाँ देहरी के बाहर ही
सारा रीत गया।

नई दिल्ली, 1 मई, 1968

अन्तःसलिला

रेत का विस्तार
नदी जिस में खो गई
कृश-धार :
झरा मेरे आँसुओं का भार
—मेरा दुख-धन,
मेरे समीप अगाध पारावार—
उस ने सोख सहसा लिया
जैसे लूट ले बटमार।
और फिर आक्षितिज
लहरीला मगर बेटूट
सूखी रेत का विस्तार—

नदी जिस में खो गई
कृश-धार

किन्तु जब-जब जहाँ भी जिस ने कुरेदा
नमी पाई : और खोदा—
हुआ रस-संचार :
रिसता हुआ गड्ढा भर गया।
यों अजाना पान्थ
जो भी क्लान्त आया, रुका ले कर आस,
स्वल्पायास से ही शान्त
अपनी प्यास
इस से कर गया :
खींच लम्बी साँस
पार उतर गया।

अरे, अन्तःसलिल है रेत :
अनगिनत पैरों तले रौंदी हुई अविराम
फिर भी घाव अपने आप भरती,
पड़ी सज्जाहीन,
धूसर-गौर,
निरीह और उदार!

इलाहाबाद-दिल्ली (रेल में) 20 फरवरी, 1959

कितनी नावों में कितनी बार

कितनी दूरियों से कितनी बार
कितनी डगमग नावों में बैठ कर
मैं तुम्हारी ओर आया हूँ
ओ मेरी छोटी-सी ज्योति!
कभी कुहासे में तुम्हें न देखता भी
पर कुहासे की ही छोटी-सी रुपहली झलमल में
पहचानता हुआ तुम्हारा ही प्रभामंडल।
कितनी बार मैं,
धीर, आश्वस्त, अक्लान्त—
ओ मेरे अनबुझे सत्य! कितनी बार...
और कितनी बार कितने जगमग जहाज
मुझे खींच कर ले गए हैं कितनी दूर
किन पराये देशों की बेदर्द हवाओं में
जहाँ नंगे अँधेरों को
और भी उघाड़ता रहता है
एक नंगा, तीखा, निर्मम प्रकाश—
जिस में कोई प्रभामंडल नहीं बनते
केवल चौंधियाते हैं तथ्य, तथ्य—तथ्य—
सत्य नहीं, अन्तहीन सच्चाइयाँ...
कितनी बार मुझे
खिन्न, विकल, संत्रस्त—
कितनी बार!

ल्यूब्लयाना (यूगोस्लाविया) 30 मई, 1966

फोकिस में ओदिपौस

राही, चौराहों पर बचना!
राहें यहाँ मिली हैं, बढ़ कर अलग-अलग हो जाएँगी
जिस की जो मंज़िल हो आगे-पीछे पाएँगी
पर इन चौराहों पर औचक एक झुटपुटे में
अनपहचाने पितर कभी मिल जाते हैं :
उन की ललकारों से आदिम रुद्र-भाव जग जाते हैं,
कभी पुरानी सन्धि-वाणियाँ
और पुराने मानस की धुँधली घाटी की अन्ध गुफा को
एकाएक गुँजा जाती हैं;
काली आदिम सत्ताएँ नागिन-सी
कुचले सीस उठाती हैं—
राही शापों की गुंजलक में बँध जाता है :
फिर
जिस पाप-कर्म से वह आजीवन भागा था,
वह एकाएक
अनिच्छुक हाथों से सध जाता है।
राही, चौराहों से बचना!
वहाँ ठूँठ पेड़ों की ओट
घात बैठ रहती हैं
जीर्ण रूढ़ियाँ
हवा में मँडराते संचित अनिष्ट, उन्माद, भ्रान्तियाँ—
जो सब, जो सब
राही के पद-रव से ही बल पा,
सहसा कस आती हैं
बिछे, तने, झूले फन्दों-सी बेपनाह!

राही, चौराहों पर
बचना।

आराख़ोबा-देल्फ़ी, 13 मई, 1966

पत्थर का घोड़ा

आन-बान
मोर-पेच
धनुष-बाण
यानी वीर सूरमा भी कभी
रहा होगा।
अब तो टूटी समाधि के सामने
साबुत,
खड़ा है
सिर्फ़ पत्थर का घोड़ा।
और भीतर के छटपटाते प्राण !
पहचान,
सच-सच बता,
जो कुछ हमें याद है
उस में कितनी है परम्परा
और कितना बस अर्से से पड़ा
रास्ते का रोड़ा ?

सिकन्दरा-आगरा, 15 अगस्त, 1968

कभी—अब

कभी ऐसा था
कि वे वहाँ
ऊँचे खम्भों पर
अकेले थे।
हम यहाँ
ठट्ठ के ठट्ठ
बोलते थे
जैकारे।
अब ऐसा है
कि वहाँ
एक बड़े चबूतरे पर
भीड़ है
और हम यहाँ
ठट्ठ के ठट्ठ
अकेले हैं।

सम्पराय

हाँ, भाई,
वह राह
मुझे मिली थी;
कुहरे में जैसी दी मुझे दिखाईं
मैं ने नापी : धीर, अधीर, सहज, डगमग, द्रुत, धीरे—

आज जहाँ हूँ, वही वहाँ तक लाई।
यहाँ चुक गई डगर :
उलहना नहीं, मानता हूँ पर
आज वहीं हूँ जहाँ कभी था—
एक कुहासे की देहरी पर :
दीख रहा है
पार
रूप—रूपायमान—रूपायित—
पहचाना कुछ : जिधर फिर बढ़ूँ—
धीर, अधीर, सहज, डगमग, द्रुत, धीरे,
हठ धर,
मन में भर
उछाह!
कौन कभी फिर लौट वहाँ आया, जिस पथ से
एक बार वह पार गया है?
नहीं, वही वहीं है कहीं और :
यह ठौर
नया है उतना ही जितनी यह राह,
कुहासा, देश-दिशा, यह समय-बिन्दु;
यह मैं भी :
सभी नया है—
नाता ही एक नहीं बदला :
वह एक खोजता राही
एक कुहासे की देहरी पर
लीक धरे पहचाने कुछ-कुछ की
बढ़ता हठ धर
अनजाने कुछ की ओर
भरे मन में उत्साह अतर्कित, निराधार!

रूप,
रूपायमान,
रूपायित।
यों गृहीत,
पहचाना।
फिर इसलिए अनृत
एकान्त झूठ!

वह कैसे होती यात्रा
जो पहुँचा कर चुक जाती?
झूठा होगा वह तीर्थ
सरोवर, नदी, महासागर का जो न किनारा-भर होता।
जहाँ से अपने ही संकल्प
न बन जाते ललकार
नए अनजाने पानी में घुसने की।

ये सम्मुख फूल बहे जाते हैं :
पर क्या जाने वे किस के हैं?
क्या जाने वह डूबा, तैरा,
या तट पर ही फूल डाल कर लौट गया?
या—क्या जाने?—ये फूल स्वयं उसकी भस्मी के ही
प्रतीक हैं?

यह भी हो सकता है
कोई इस देहरी पर ही बैठ रहे :
जो आएँ उन्हें असीसे,
जाएँ तो, उन्हें बता दे वे पहचाने गलियारे
जो पार स्वयं वह कर आया।

हो सकता है : पर मेरे द्वारा नहीं—
अब नहीं।
मैं जिस देहरी पर हूँ
तीर्थ नहीं,
वह सम्पराय है।
हठ में कमी नहीं है,
मेरा संकल्प भी नहीं डगमग,
किन्तु (उलहना नहीं) मानता हूँ मैं—
मुझे पूछना है अब—और खोजता हूँ उस को जिस से
यह पूछ सकूँ—
'वह दीख रहा है पार मुझे,
पर बोलो,
उस तक जाने का क्या है उपाय—
है क्या उपाय?

रूप :
रूप,
रूपायमान,
रूपायित।
स्पृष्ट। अनृत।
प्रव्रजित!
और कहाँ तक यही अनुक्रम!
कितना और कुहासा
कितनी देहरियों पर कितनी ठोकर?
कितना हठ?
कितने-कितने मन—कितना उछाह?'

है राह!
कुहासे तक ही नहीं, पार देहरी के है।

मैं हूँ तो वह भी है,
तीर्थाटन को निकला हूँ
काँधे बाँधे हूँ लड़कियाँ चिता की :
गाता जाता हूँ—
'है, पथ है :
वह जो रुक जाता है कूल-कूल पर बार-बार—
यों नहीं कि वह चुक जाता है :
पर तीर्थ यही तो होते हैं—
अनजाने—यद्यपि वांछित—सम्पराय :
हम होते ही रहते हैं वहाँ पार!'

नई दिल्ली, नवम्बर, 1964

ना जाने केहि भेस

खेतों में
मद और मूसलों की
दोहरी मार से त्रस्त-ध्वस्त
बिछे थे यादव-वीर।
सूर्य अस्त, चन्द्र अस्त,
वनों के महावृक्षों के बीच बढ़ा
—गुफा में फैलते सीरे-सा!—
पसरा था अन्धकार!

और मैं था कि सजग, सावधान,

सधे पाँव, तान धनुष, बाण चढ़ा
खोजता था मृग। कृष्णसार!

सुना तभी स्वर
शर सन्धान कर
छोड़ दिया बाण!
लक्ष्य-सिद्ध!
यों मुझे मिले वह
खुला गिरा मोर-पंख का किरीट,
वैजयन्ती-माल स्रस्त,
छूटी पड़ी बाँसुरी,
मलिनाते पैरों के सूक्ष्म घाव से निकल रेंग रहा
सृपी शुभ्र, आयु-शेष :
आह, मुझे इस भेस मिले
नारायण :
मेरी ही बाण से विद्ध!

अप्रैल, 1976

नाच

एक तनी हुई रस्सी है जिस पर मैं नाचता हूँ।
जिस तनी हुई रस्सी पर मैं नाचता हूँ
वह दो खम्भों के बीच है।
रस्सी पर मैं जो नाचता हूँ
वह एक खम्भे से दूसरे खम्भे तक का नाच है।
दो खम्भों के बीच जिस तनी हुई रस्सी पर मैं नाचता हूँ

उस पर तीखी रोशनी पड़ती है
जिस में लोग मेरा नाच देखते हैं
न मुझे देखते हैं जो नाचता है
न रस्सी को जिस पर मैं नाचता हूँ
न खम्भों को जिस पर रस्सी तनी है
न रोशनी को ही जिस में नाच दीखता है :
लोग सिर्फ़ नाच देखते हैं।
पर मैं जो नाचता हूँ
जो जिस रस्सी पर नाचता हूँ
जो जिन खम्भों के बीच है
जिस पर जो रोशनी पड़ती है
उस रोशनी में उन खम्भों के बीच उस रस्सी पर
असल में मैं नाचता नहीं हूँ।
मैं केवल उस खम्भे से इस खम्भे तक दौड़ता हूँ
कि इस या उस खम्भे से रस्सी खोल दूँ
कि तनाव चुके और ढील में मुझे छुट्टी हो जाए—
पर तनाव ढीलता नहीं
और मैं इस खम्भे से उस खम्भे तक दौड़ता हूँ
पर तनाव वैसा बना ही रहता है
सब कुछ वैसा ही बना रहता है।
और वही मेरा नाच है जिसे सब देखते हैं
मुझे नहीं
रस्सी को नहीं
खम्भे नहीं
रोशनी नहीं
तनाव भी नहीं
देखते हैं—नाच!

मार्च, 1976

महावृक्ष के नीचे

[पहला वाचन]

जंगल में खड़े हो?
महारूख के बराबर
थोड़ी देर खड़े रहो
महारूख ले लेगा तुम्हारी नाप।
लेने दो।
उसे वह देगा तुम्हारे मन पर छाप।
देने दो।
जंगल में चले हो?
चलो चलते रहो।
महारूख के साथ अपना नाता बदलते रहो।
उस का आयाम
उस का है, बहुत बड़ा है।
पर वह वहाँ खड़ा है।
और तुम चलते हो चलते हुए ही भले हो।

वह महारूख है
अकेला है, वन में है।
तुम महारूख के नीचे—
अकेले हो, वन तुम में है।

ग्रोस पेर्टहोल्ज़ (आस्ट्रिया), 15 मई, 1976

[दूसरा वाचन]

वन में
महावृक्ष के नीचे खड़े

मैं ने सुनी
अपने दिल की धड़कन।
फिर मैं चल पड़ा।
पेड़ वहीं
धारा की कोहनी से घिरा
रह गया खड़ा।

जीवन : वह धनी है, धुनी है
अपने अनुपात गढ़ता है।
हम : हमारे बीच जो गुनी है
उन्हें अर्थवती शोभा से मढ़ता है।

ग्रोस पेर्टहोल्ज़ (आस्ट्रिया), 15 मई, 1976

मेरे देश की आँखें

नहीं, ये मेरे देश की आँखें नहीं हैं
पुते गालों के ऊपर
नक़ली भँवों के नीचे
छाया प्यार के छलावे बिछाती
मुकुर से उठाई हुई
मुस्कान मुस्कुराती
ये आँखें—
नहीं, ये मेरे देश की नहीं हैं...

तनाव से झुर्रियाँ पड़ी कोरों की दरार से

शरारे छोड़ती घृणा से सिकुड़ी पुतलियाँ—
नहीं, ये मेरे देश की आँखें नहीं हैं...

वन डालियों के बीच से
चौंकी अनपहचानी
कभी झाँकती हैं
वे आँखें,
मेरे देश की आँखें;
खेतों के पार
मेंड़ की लीक धारे
क्षिति-रेखा को खोजती
सूनी कभी ताकती हैं
वे आँखें...

उसने
झुकी कमर सीधी की
माथे से पसीना पोंछा
डलिया हाथ से छोड़ी
और उड़ी धूल के बादल के
बीच में से झलमलाते
जाड़ों की अमावस में से
मैले चाँद-चेहरे सकुचाते
में टँकी थकी पलकें
उठाईं—
और कितने काल-सागरों के पार तैर आईं
मेरे देश की आँखें...

पुरी-कोणार्क, 2 जनवरी, 1980

वासुदेव प्याला

यह वासुदेव प्याला
भरते ही कृष्ण का चरण-स्पर्श पा
रीत जाता है
और फिर भरता है
अनवरत :
इस में कुछ आश्चर्य नहीं है।

आश्चर्य
यह है कि यह बाढ़
जिस के चरण छूती है
वह नहीं है डलिया में सोया
बाल-कृष्ण : वह छलिया
वह साँवलिया है जो
कालिय नाग के मणिपूर मस्तक पर
नाच रहा है।
उस नर्तमान चरण को छूता है जल
और उतर जाता है :
पानी उतर जाता है...

ओ रह : कृष्ण! तुम क्या
नाग के नथैया
और कालिन्दी के कन्हैया हो
या कि नाग के ही बचैया—
कि यह बाढ़ भी क्या इसी में धन्य है
कि नाग ही तुम्हारा शरण्य है?

नई दिल्ली, 16 दिसम्बर, 1980

कदम्ब-कालिन्दी

[पहला वाचन]

टेर वंशी की
यमुन के पार
अपने-आप झुक आई
कदम की डार।
द्वार पर भर, गहर,
ठिठकी राधिका के नैन
झरे कँप कर
दो चमकते फूल।

फिर—वही सूना अँधेरा
कदम सहसा
घुप कालिन्दी कूल!

[दूसरा वाचन]

अलस कालिन्दी—कि काँपी
टेर वंशी की
नदी के पार।
कौन दूभर भार
अपने-आप
झुक आई कदम की डार
धरा पर बरबस झरे दो फूल।

द्वार थोड़ा हिले—
झरे, झपके राधिका के नैन

अलक्षित टूट कर
दो गिरे तारक बूँद
फिर—उसी बहती नदी का
वही सूना कूल!
पार—धीरज-भरी
फिर वह रही वंशी टेर!

छन्द

मैं सभी ओर से खुला हूँ
वन सा, वन सा अपने में बन्द हूँ
शब्द में मेरी समाई नहीं होगी
मैं सन्नाटे का छन्द हूँ।

वे तो फिर आएँगे

लेकिन वे तो फिर आएँगे
फिर रौंदे जाएँगे खेत
ऊसरों में फिर झूमेंगे
बिस खोपड़े, सँपोले
स्मृतियाँ बनी हुई हैं, हाँ,
पर भोगी थी यातना जिन्होंने
वे तो चले गए हैं।

स्मृति भी है यातना—
या कि हो सकती है—पर
जिनके पास रह गई उनको
सिवा हाँकने, दुहने
या कि बलि दे कर खाने के
और कुछ नहीं आता
बकरी, बछड़े, मृगछौने हों
या—मनुष्य हों
यंत्रों से वे
खा सकते हैं नगर।

वे फिर आएँगे
सुन्दर होंगे
सुन्दर यानों पर सवार दीखेंगे
दस हाथ उनके संवेदन भरी उँगलियों से
कर सकते होंगे सौ सौ करतब
पर जबड़ों से उनके टपक रहा होगा
जो सर्प-रक्त
वह जहाँ गिरेगा
मट्टी हो जाएँगी मानव कृतियाँ
कुकुरमुत्ते के भीतर भरी
भुरभुरी राख सरीखी
साँस घोंटती
एक लपट उठ
बन जाएगी एक प्रेत की चीख़
गुँजाती नीरव शत संसृतियों के गलियारे।

वे फिर आएँगे वे, तो...
राह

हमीं ने खोली है, पाँवड़े बिछाये हैं
यह मान कि जो आएगा
अवतारी होगा : एक नया
कृतयुग लाएगा
फिर आएँगे
लेकिन वे तो फिर आएँगे...

कलगी बाजरे की

हरी बिछली घास।
दोलती कलगी छरहरी बाजरे की।

अगर मैं तुम को ललाती साँझ के नभ की अकेली तारिका
अब नहीं कहता,
या शरद के भोर की नीहार-न्हायी कुईं,
टटकी कली चम्पे की, वग़ैरह, तो
नहीं कारण कि मेरा हृदय उथला या सूना है
या कि मेरा प्यार मैला है।

बल्कि केवल यही : ये उपमान मैले हो गए हैं।
देवता इन प्रतीकों के कर गए हैं कूच।

कभी बासन अधिक घिसने से मुलम्मा छूट जाता है।
मगर क्या तुम नहीं पहचान पाओगी :
तुम्हारे रूप के—तुम हो, निकट हो, इसी जादू के—
निजी किस सहज, गहरे बोध से, किस प्यार से मैं कह रहा हूँ—
अगर मैं यह कहूँ—

बिछली घास हो तुम
लहलहाती हवा में कलगी छरहरी बाजरे की?

आज हम शहरातियों को
पालतू मालंच पर सँवरी जुही के फूल से
सृष्टि के विस्तार का—ऐश्वर्य का—औदार्य का—
कहीं सच्चा, कहीं प्यारा एक प्रतीक
बिछली घास है,
या शरद की साँझ के सूने गगन की पीठिका पर दोलती कलगी अकेली
बाजरे की।

और सचमुच, इन्हें जब-जब देखता हूँ
यह खुला वीरान संसृति का घना हो सिमट आता है—
और मैं एकान्त होता हूँ समर्पित।
शब्द जादू हैं—
मगर क्या यह समर्पण कुछ नहीं है?

कलकत्ता : 10 नवम्बर, 1949

उड़ चल, हारिल

उड़ चल, हारिल, लिये हाथ में यही अकेला ओछा तिनका।
ऊषा जाग उठी प्राची में—कैसी बाट, भरोसा किन का!

शक्ति रहे तेरे हाथों में—छुट न जाय यह चाह सृजन की;
शक्ति रहे तेरे हाथों में—रुक न जाय यह गति जीवन की!

ऊपर-ऊपर-ऊपर-ऊपर—बढ़ा चीरता जल दिङ्मंडल :
अनथक पंखों की चोटों से नभ में एक मचा दे हलचल!

तिनका? तेरे हाथों में है अमर एक रचना का साधन—
तिनका? तेरे पंजे में है विधना के प्राणों का स्पन्दन!

काँप न, यद्यपि दसों दिशा में तुझे शून्य नभ घेर रहा है,
रुक न, यदपि उपहास जगत् का तुझ को पथ से हेर रहा है;

तू मिट्टी था, किन्तु आज मिट्टी को तूने बाँध लिया है,
तू था सृष्टि, किन्तु स्रष्टा का गुर तूने पहचान लिया है!

मिट्टी निश्चय है यथार्थ, पर क्या जीवन केवल मिट्टी है?
तू मिट्टी, पर मिट्टी से उठने की इच्छा किस ने दी है?

आज उसी ऊर्ध्वंग ज्वाल का तू है दुर्निवार हरकारा
दृढ़ ध्वज-दंड बना यह तिनका सूने पथ का एक सहारा।

मिट्टी से जो छीन लिया है वह तज देना धर्म नहीं है;
जीवन-साधन की अवहेला कर्मवीर का कर्म नहीं है!

तिनका पथ की धूल, स्वयं तू है अनन्त की पावन धूली—
किन्तु आज तू ने नभ-पथ में क्षण में बद्ध अमरता छू ली!

ऊषा जाग उठी प्राची में—आवाहन यह नूतन दिन का :
उड़ चल हारिल, लिये हाथ में एक अकेला पावन तिनका!

गुरदासपुर : 2 अक्टूबर, 1938

मैं वह धनु हूँ—

मैं वह धनु हूँ, जिसे साधने में प्रत्यंचा टूट गई है
स्खलित हुआ है बाण, यदपि ध्वनि दिग्दिगन्त में फूट गई है—

प्रलय-स्वर है वह, या है बस मेरी लज्जाजनक पराजय,
या कि सफलता! कौन कहेगा क्या उस में है विधि का आशय!

क्या मेरे कर्मों का संचय मुझ को चिन्ता छूट गई है—
मैं बस जानूँ, मैं धनु हूँ, जिसकी प्रत्यंचा टूट गई है!

लाहौर : 15 जून, 1935

पराजय है याद

भोर बेला—नदी-तट की घंटियों का नाद
चोट खा कर जग उठा सोया हुआ अवसाद।
नहीं, मुझ को नहीं अपने दर्द का अभिमान—
मानता हूँ मैं पराजय है तुम्हारी याद!

काशी : 14 नवम्बर, 1946

क्वाँर की बयार

इतराया यह मौर ज्वार का क्वाँर की बयार चली,
शशि गगन-पार हँसे न हँसे—शेफाली आँसू ढार चली!
नभ में रवहीन दीन बगुलों की डार चली;
मन की सब अनकही रही पर मैं बात हार चली!

इलाहाबाद : अक्टूबर, 1948

बन्धु हैं नदियाँ

इसी जमुना के किनारे एक दिन
मैं ने सुनी थी दुःख की गाथा तुम्हारी
और सहसा कहा था बेबस : 'तुम्हें मैं प्यार करता हूँ।'
गहे थे दो हाथ मौन समाधि में स्वीकार की।

इसी जमुना के किनारे आज
मैं ने फिर कहा है वह : 'तुम्हें मैं प्यार करता हूँ।'
और उत्तर में सुनी है दुःख की गाथा तुम्हारी,
गहे हैं दो हाथ मौन समाधि में उत्सर्ग की।

न जाने फिर
इसी जमुना के किनारे एक दिन
कर सकूँगा नहीं बातें प्यार की
सुननी न होगी दुःख की गाथा—
एक दिन जब बनेगा उत्सर्ग स्वीकृति उच्चतर आदेश की!

बन्धु हैं नदियाँ : प्रकृति भी बन्धु है
और क्या जाने, कदाचित्
बन्धु
मानव भी!

दिल्ली-इलाहाबाद (मोटर से) : 8 अक्टूबर, 1949

हवाएँ चेत की

बह चुकीं बहकीं हवाएँ चेत की
कट गईं पूलें हमारे खेत की
कोठरी में लौ बढ़ा कर दीप की
गिन रहा होगा महाजन सेंत की।

गुरदासपुर, अमृतसर (बस में) : 23 अप्रैल, 1951

साँप

साँप! तुम सभ्य तो हुए नहीं—
नगर में बसना भी तुम्हें नहीं आया।
एक बात पूछूँ—(उत्तर दोगे?)
तब कैसे सीखा डँसना—विष कहाँ पाया?

दिल्ली : 15 जून, 1954

जो पुल बनाएँगे

जो पुल बनाएँगे
वे अनिवार्यत:
पीछे रह जाएँगे।
सेनाएँ हो जाएँगी पार
मारे जाएँगे रावण
जयी होंगे राम;
जो निर्माता रहे
इतिहास में
बन्दर कहलाएँगे।

जाड़ों में

लोग बहुत पास आ गए हैं
पेड़ दूर हटते हुए
कुहासे में खो गए हैं
और पंछी (ऋत्विक् हैं)
चुप लगा गए हैं।

बर्लिन, जून, 1976

नदी की बाँक पर छाया

नदी की बाँक पर
छाया
सरकती है
कहीं भीतर
पुरानी भीत
धीरज की
दरकती है
कहीं फिर वध्य होता हूँ...

दर्द से कोई
नहीं है ओट
जीवन को
व्यर्थ है यों
बाँधना मन को
पुरानी लेखनी
जो आँकती है
आँक जाने दो
किन्हीं सूने पपोटों को
अँधेरे विवर में
चुप झाँक जाने दो।
पढ़ी जाती नहीं लिपि
दर्द ही
फिर-फिर उमड़ता है
अँधेरे में बाढ़
लेती
मुझे घेरे में

दिया तुम को गया
मेरी ही इयत्ता से
बनी ओ घनी छाया
दर्द फिर मुझ को
अकेला
यहाँ लाया—

नदी की बाँक पर
छाया...

नई दिल्ली, 8 नवम्बर, 1979

चीनी चाय पीते हुए

चाय पीते हुए
मैं अपने पिता के बारे में सोच रहा हूँ।

आपने कभी
चाय पीते हुए
पिता के बारे में सोचा है?

अच्छी बात नहीं है
पिताओं के बारे में सोचना।

अपनी कलई खुल जाती है।

हम कुछ दूसरे हो सकते थे।
पर सोच की कठिनाई यह है कि दिखा देता है
कि हम कुछ दूसरे हुए होते
तो पिता के अधिक निकट हुए होते
अधिक उन जैसे हुए होते।

कितनी दूर जाना होता है पिता से
पिता जैसा होने के लिए!

पिता भी
सवेरे चाय पीते थे।
क्या वह भी
पिता के बारे में सोचते थे—
निकट या दूर?

स्वयं जब बोली चिड़िया

चिड़िया को
जितने भी नाम दिये थे
सब झूठे पड़ गए
स्वयं जब बोली चिड़िया
नहीं कहा कुछ मैंने :
ताका किया उसे
चुप
चिड़िया ने भी नहीं कहा चिड़िया

केवल
बोली
रही
अप्रतिम
गुणातीत
आप्लवनकारी।

बोलो, बोलो, बोलो,
चिड़िया
भरो जगत् को
एक बार फिर डूब चलूँ मैं
डूब चलूँ पर डूबूँ नहीं
रहूँ सुनता
सुनने में रहूँ अनश्वर
बोलो चिड़िया
बोलो, बोलो, बोलो!

घर

[1]

मेरा घर
दो दरवाज़ों को जोड़ता
एक घेरा है
मेरा घर

दो दरवाज़ों के बीच है
उसमें
किधर से भी झाँको
तुम दरवाज़े से बाहर देख रहे होगे
तुम्हें पार का दृश्य दीख जाएगा
घर नहीं दीखेगा।

मैं ही मेरा घर हूँ।
मेरे घर में कोई नहीं रहता
मैं भी क्या
मेरे घर में रहता हूँ
मेरे घर में
जिधर से भी झाँको...

[2]

तुम्हारा घर
वहाँ है
जहाँ सड़क समाप्त होती है
पर मुझे जब
सड़क पर चलते ही जाना है
तब वह समाप्त कहाँ होती है?
तुम्हारा घर...

[3]

दूसरों के घर
भीतर की ओर खुलते हैं
रहस्यों की ओर
जिन रहस्यों को वे खोलते नहीं।
शहरों में होते हैं
दूसरों के घर
दूसरों के घरों में
दूसरों के घर
दूसरों के घर हैं।

[4]

घर
है कहाँ जिनकी हम बात करते हैं
घर की बातें
सबकी अपनी हैं
घर की बातें
कोई किसी से नहीं करता
जिनकी बातें होती हैं
वे घर नहीं हैं।

[5]

घर
मेरा कोई है नहीं,

घर मुझे चाहिए :
घर के भीतर प्रकाश हो
इसकी भी मुझे चिन्ता नहीं है;
प्रकाश के घेरे के भीतर मेरा घर हो—
इसी की मुझे तलाश है।
ऐसा कोई घर आपने देखा है?
देखा हो
तो मुझे भी उसका पता दें
न देखा हो
तो मैं आपको भी
सहानुभूति तो दे ही सकता हूँ
मानव हो कर भी हम-आप
अब ऐसे घरों में नहीं रह सकते
जो प्रकाश के घेर में हैं
पर हम
बेघरों की परस्पर हमदर्दी के
घेरे में तो रह ही सकते हैं।

सूर्यास्त

धूप
माँ की हँसी के प्रतिबिम्ब-सी शिशु-वदन पर—
हुई भासित
नए चीड़ों से कँटीली पार की गिरि-शृंखला पर :

गीति :
मन पर वेदना के बिना,
तर्कातीत, बस स्वीकार से ही सिहर कर
बोला :
'नहीं, फिर आना नहीं होगा।'

सिग्तुना (स्वीडन) : 24 जून, 1955